Text-performanser #1.Kladdarken

Dikter

Omslag: Uffe Berggren
Publisher: BoD – Books on Demand, Stockholm, Sverige
Printing: BoD – Books on Demand, Norderstedt, Tyskland
ISBN: 978-91-8007-052-2

KLADDARKEN

Text-performanser
#1.Kladdarken

DIKTER

Uffe Berggren

När tankarna sjunker
Till botten av världen
Förefaller det vara ett allvarligt läge
Läng mycket mer än
Vi någonsin trodde
Att det skulle vara möjligt

Men, vad ska vi ta oss till?
Hur länge försvinner vi
Åt gången?
Är allvaret enbart den andra sidan
Av missnöjets taggar?

Nu är det så kallade 'skeendet'
Värst igen eller
Tror vi att det är värt
Att vi sitter och väntar mer
Än vad vi skulle behöva
För att kunna överleva just nu

Vilka handlingar ska vi dra
Ner på framöver
Om vi ska lösa
Våra personliga kriser
Innan vi ger oss i kast med universums
Mer komplicerade
Avarter av missbruk

Som om vi aldrig
Riktigt har klart för oss
Vad livet ska gå ut på
Nu är vi
I alla fall
På väg mot avgrunden igen
Som om vi
Skulle kunna bli mer
Förvånade än tidigare

Slutfasen avbryter
Oss med bravur i hallen
Till den sanerade lägenheten
Vi beslutat återvända till

Tolkningen är alltid
Vägen mot det ultimata
Insiktsbatteriets epos
Av slitna drömmar
Och insiktsfyllda åthävor
Där manéret premieras mer
Än vi någonsin kunnat
Föreställa oss på förhand

Döm om vår förväning
Dum om vår förväning
Dim sum vår förväning

I väntan är vi stilla
I en vrå för tankar
Vi skapar vårt eget lä
Mot omvärldens angrepp

I den lismade åtbörden
Vi aldrig ska lära oss
Att hantera vettigt
Och effektivt eftertänksamt

Troligen aldrig

Det mesta är entropi
I vär divergerande motsats
Och våra snabbt avslutade
Återfall i barnsliga attacker
På omvärldens stelbenthet
Som om vi aldrig skulle
Kunna bli en uns sams
Med motigheternas blues
Under stilla dagar
I en förort till jag

Som om förorten vore
Det som bromsar oss

Det mesta förefaller
Vara antingen eller
Som om ingenting är exakt
Vad det förefaller att vara
I alla de motvallsvalser
Vi kan knäppa rytmen till
På våra andliga gitarrer

Där strängarna är sina egna
Värsta fiender i vardagen
Som liknar ett G-ackord
Med glada blickar

Kanske är det sista gången
Vi befolkar vår elakhet
Med enbart bar stimuli
På den sida av verkligheten
Vi hittills hållit oss
För goda att acceptera
De erbjudanden gatlyktorna
Ska önska oss
Som en flyttgröt på vägen
Till en igensvetsad gatubrunn
Som vi anar kan leda
Vidare i våra liv

Dä blir vi den enda motkraften
Till våra egna beslut
Där obeslutsamheten
Till sista är den enda drömmen
Som fortfarande pyr i förortens
Slitna portgångar och präng

Vi delar ju den där historien
Med alltför många
Så att vår upplevelse av den
Till slut förefaller vara helt normal
I den brytningstid
Som briserar mellan dag och natt

Nu kunde det vara vår tid
Som om den inte kallades
För något helt annat
I motsatsernas gränder
Och de snabba förflyttningarna
I alla de enstaka insikterna
Där vi letat oss vidare
Långt in i rabatternas vildmarker
Där inte ens tankar når

Där inte ens …

Då skulle vi landa
I de snår av tankar
Vi trodde vi kände till
Som om de snart skulle
Dreja bi i skymningens
Egenartade landskapskopior
I en del av verkligheten
Vi inte var så bekanta med

I andra änden av slutet
Skulle vi aldrig kommentera
Oss själva med något slags
Stoiskt allvarsminer

Som om det vi saknar
I själva verket briserar
I samma sekund som vi tänker
På det med koncentration
Som om allvaret
Ska hålla sig för gott
För att medverka i dessa charader
Där hälften verkligen
Vore vad vi bedömer som nog
I denna slutna del av parken
Som vi aldrig mer ska återse

Eller …

Snarare handlar det om
De snabbt eroderade
Tankarna i motsatsernas enkla
Attityder som måttstockar
För allt vi ska delge oss själva
I all den saknad vi ska förstå
Som ett tecken på välmående

Som om de tankar vi lever med
Är de tankar vi får stå ut med
Kanske nu och föreviga tider
Utan ängsliga blickar
Över våra axlar

De allra sista minuterna
Av det gamla livet
Är som om de vill vara
En del av något nytt

Livet som något naturvidrigt
I stillhetens mellan andetagen
Och alla diskussioner överflödigare
Än slitet om nätternas
Oavlåtliga upprepningar
Av gamla synder, med avstånd
Markerade till gårdagarnas
Envetnare än envishetens
Trosvissa avsikter i natten

Det är som om vi aldrig
Har sett något tokigare
Än de avsikter vi ger utlopp för
På kanten till avgrunderna
Som tillhör det förflutna
På samma sätt som vi tidigare
Kunde hålla oss helt borta
Från de avsikter vi egentligen
Hade för denna lilla gränd
På baksidan av välfärdens
Entoniga sånger om framtiden

De slutna rummens kondens
Av slitna tankar och brutna drömmar
Ska dela oss i hälfter
Vi aldrig riktigt förstår oss på
Som om vi bara är halvhjärtade
I våra försök att lära oss
Att stå ut i motvinden från den tid
Som brutalt trycker ner oss i skoskaftens
Alltför trånga öppningar

När alla våra idéer
Ska sina som de uttorkade
Och slumpartade bäckarna
I våra barndomars landskap
Som om aldrig ens den lilla vargen
Skulle kunna växa till
Det stadsmonster den skulle bli

Som om allt egentligen
Inte skulle kunna bli vad det blev
Trots våra förvånade blickar
Från de billigaste parkettplatserna

De sluter sina munnar synkront
Tills de inte lutar
mot väggen längre
Och det förflutna
Inte längre kan legitimera sig
När det dyker upp
Vid den mörka entrén
Där Mata Hari och Dan Andersson
Tycks vänslas med varandra
I oavsiktliga slutrim
Och heta hemligheter
I töcknet från jazzklubbar
Utan namn och känd adress
I denna mulna korridor
Av enveten framåtanda

Men, nu är allt detta en chimär
Vid sidan av verklighetens
Ovarsamma hantering av diktens
Inneboende kapacitet för drömmar
Och slutgiltiga livslögner
På den sidan av verkligheten
Vi helst vill hålla oss undan från
Som om vi inte skulle ha nog
Av redan utförda misstag
I det töcken som alluderar
På den dimma vi upplever
Sänker sig genom hela våra väsen
På avsiktslösa vägval
Vid tveklöst obskyra vägskäl
I den natt vi valde bort en gång

Så, här sitter vi länge
Och betraktar den döende solen
Försvinna ner under horisontens
Minimala linje ovan jord
Som vi är vana
Som vi lärt oss att allt hänger samman
I den förödande totalitet
Vi aldrig ska erkänna oss
Besegrade av under denna dag
Då låter vi oss själva delta
Med undanflykter från förra året
Och entusiasmen, lika nygräddad
Som orealistisk som framtidsnyckel
Bara hälften vore nog

När divergenterna jagar dig
I den trånga nattens
Slitna och omintetgörande gränder
Kavar vi vidare på resan mot
Den gårdag som nu brinner
Klarare än någonsin i våra själar
Där bristerna är fördelar
Som snarare är missförstådda
Mer än orealistiska drömmar
Om den ständiga frånvaron
Av blankslitna broddars rassel
I den fördömda nattens gissel
Som om tankarna lever på vift
Utan fäste hos Kant, Sartre eller Bourdieu
Eller ens Deleuze och Latour

I de slutna rummen
Är vi så stilla att vi dör
Hellre än vi tar oss vidare
På det sätt vi själv väljer
I den makabra uppslutning
Allt skulle få om vi undvek
Alla människor vi känner
Längre tid än vi känt dem

Då skulle världen rämna
Och himlen falla ner över oss

Då skulle ...

Vi faller stumma
Ner ur himlen utan brandsegel
Som om vi aldrig skulle ha
Kunnat förstå oss bättre
Än just i denna stund
På just denna plats

Valen är vanligen
Alldeles för många för en själ
Bland andra själar
Som om vi aldrig ska hitta hem
Från det här stället igen
I den slitna vardagens
Allra värsta snålskugga

Livet alla delar sparas
Vi faller alla våra tankar
Om vi har kanaler till allt
Vi vissnar i själen
Av slitna idéers flöde
Som om tanken är en amöba
Vi nyss lärt känna

Starten sägs vara viktigast
I nästan alla skeden i livet
Början på en text, ett heat
Av löpning eller speedway
Men, sedan då?

På ett stolsben av wellpapp
Vinglar vi vidare
Så långt in i nattens dunkel
Att vi aldrig ska förstå dess ekon
Från de tider när det där
Enbart var slitna metaforers
Ekon i nattens ensliga dimmor
Utan att vi ens förstod en smul
Av alla de krumbukter
Som snurrade runt våra öron
I nattens ekon av dagens ljud

Nu lider tiden
Mot sitt oundvikliga slut
Som om natten kommer
I en pughsk utsaga
Från en förlorad dag
I det avlägset skedda
Där vi vara var åskådare
Och alla andra huvudpersoner
I sina egna dramatiska
Monologer om livet

Sedan är allt
Som försvunnet utanför
Våra slitna fönsterbleck
I den dimmiga nattens
Ensliga tankars hemfridsbrott
Som om vi oavbrutet
Begär brott mot oss själva
Istället för att uppmuntra
De försök till tankar vi
Trevar efter att finna

Men, inte just nu,
Kanske sedan

Dä är vi redan på plats
Och kan försöka meddela oss
Något vi aldrig känt till
Håller undan oss denna dag
Sällan skådad, men döpt

Valmöjligheterna frustar
Av latent vitalitet
Medan vi drar oss undan
I hörnens synbara trygghet

Vi vet allt med typiskt allvar
Som vi 'aldrig' insett
Håller på att hoppa
Genom porten till våra själar
Eller håller på att försvinna

Sändningarna tenderar
Att upphöra genom att sina
I alla motsatsers allvar
Som om vi aldrig mer ska
Kunna förstå vidden av
Vad vi går miste om nu

Kanterna vi lever vid
Ska leda oss vidare in i framtiden
Som om snarstuckenhetens
Medgörligaste demoner
Lutar sig bakåt i skymningens
Eländiga landskap
För att hålla undan från framtiden
Som om det skulle innebära
Något mycket mer allvarligt
I alla våra släpljusattacker
På vårt allvarligaste förflutna

Det förflutnas läckta skuggor
Är den enda vägen tillbaka
Vi aldrig ska hitta igen
Som om den försvunnit
In i framtidens rostfria världar
Av enstaka insikter och brötar
Av mindre analyserade
Åsikter från sidan av verklighetens
Så omedelbara trappsteg
Mot den snedvridna framtidens
Enstaka uppfattningar
Om vad som kommer senare

De svarta lärorna är vana
Att röra sig i nattens dolska
Skuggor och främmande vindar
Där alla vill ut ut boxen
För att skäda sig omkring
I alla nedärvda släktingars
Enstaka insatser i motvalls
Enerverande åsikter
Om vad livet ska handla om
Som om det finns patent,
Eller härskarlistor på sådant
Som borde vara glömt sedan så
Många är att de räknas
Som antikvariska

Vi letar inte längre efter
De utgångar vi fått för oss
Ska finna i denna labyrint
Med alla de objekt vi tilldömts
I rännespel och annat antikvariskt
Från ett gånget årtusende
Som blixtrade förbi
I våra ögonvrårs acceptanser
På det där oefterhärmliga
Sättet vi aldrig ska glömma
Att vi har varit med om att uppleva
Något vi noterar i de slitna dagarnas
Svarta olinjerade anteckningsböcker

Rundar de vita knutarnas ballast
Så kämpar vi i imperfekt
Som om vi aldrig skulle ge oss
Utan tjata om gamla oförätter
Så länge de kan identifieras
Om än aldrig så otydliga
Nu landa vi aldrig i motsatsen
När allt skulle negeras
På det vis vi hade fått för oss
Att vi skulle kunna komma
Närmare hjärtat av livet
I en sliten dänga en sen kväll

Vi kunde ha förstått oss på
Oss själva om vi bara haft
En smula mer tålamod
Med våra avarter i länet
Som om vi aldrig mer skulle
Återvända till den gamla sidan
Av husen vi växte upp i
Som om de minns oss
På samma sätt som vi tycks
Ha minnen av dem
Hur det nu gått till

Så, om landet kringlar
Sig närmare våra själar
I alla de förorter vi besöker
Ska väntan inte bli så lång
Som vi tydligen befarat

Tristessens olyckor bringar
Ännu mer farsoter i natten
Som om de aldrig mer
Ska kunna leda oss vilse
På det 'riktiga' sättet
Där vi kan luta oss tillbaka
I förtröstan om att vilsenheten
Inte är något oroa sig för

Fast vi trots allt
Inbillar oss att gåtan
Kan presentera sin egen lösning
Förefaller våra upptåg
Ganska missvisande
Som om de tillhör någon annan

Eller är stulna från de obekanta
Som muttrar när vi
Passerar dem vid tunnelbanans
Slukhål till ingångar
Och försvinner in i
Det underjordiska livets
Oförenliga förtroenden

Kanske vi aldrig lyckats
Ta oss tillbaka till
Våra utgångspunkter
Som om vi inte vill
Eller kan förmå oss
Att röra oss så långt
I tiden och geografin

Där geografins utvalda
Apostlar ska delge oss
De allra senaste rönen
Rörande livets exakta
Och så rörande medelpunkter

Då lever vi till fullo
Kan vi tro en stund

Innan vi briserar
Framför vår teve
Och likgiltigt kastar
Våra sopor från balkongen
Ner på 70-talets bakgårdar
Som ännu lever sitt liv
Så skilt från våra nuvarande
Att vi inte förstår kopplingen
Mellan dem, om det nu kan
Finnas en sådan koppling,
Eller en sådan bakgård

Just då ville vi veta allt
I de okrönta delar av livet
I det så lugnande lunkandet
Vi aldrig skulle återkomma till
Som om vi försökte undvika
Att ta itu med oss själva
Innan vi stod redo för allvaret
I den examen från internatskolan
Staten tvingade oss att studera vid

När tiden var mogen
Vore det för väl om vi också
Hade varit på väg åt det hållet

Men, det var inte så klart
Som vi ville få det att framstå
Det fanns alldeles för många
Otydliga regler vi ännu inte
Riktigt fått klara för oss
De där subtila insikterna
Som drabbar oss alla
Under den tid vi tar oss fram
Genom snårskogen
Där slyet bara är förnamnet
På en mycket hotfull värld

Kanske vi aldrig brast ut
I de där rungande skrattsalvorna
Vi läst om att andra gjorde
Som om vi hamnat
På efterkälken i summeringen
Av vad vi höll på med
Utan de snabba skiften
Vi hållit oss för goda
För att helhjärtat kasta oss
In i med tillförsikten
Hos den som aldrig riktigt
Förstått allvaret i att leva

I de allra längsta dikena
Kravlade vi mot grändernas
Livgivande svalka
Som om vi skulle återvända
Till en stadsliknande miljö
Om vi bara höll ut
Tillräckligt länge för att det
Skulle kunna inträffa

Vi bidade vår tid
Vi bidade våra själar

Dä saknade vi vardagslivet
Som så uppenbart
Skulle ha förändrats
Till vår nackdel
När vi återförenades
I dess koncisa famn

Som om flykten
Inte längre gällde våra tankar
Utan fast mer en klunk
Av allt vi hade glömt bort

Där ute i terrängen …

I alla de där saknaderna
Briserar vår längtan
Efter snarlikhetens demoner
På ett sätt vi aldrig skulle
Kunna förutsäga i takt
Med att vi försvann runt hörn
Vi inte ens visste existerade

På ett oefterhärmligt manér
Vi skulle tjäna pengar på
Långt senare när vi höll
Kurser i just detta:
Att inte synas

Nu, när vi är så försoffade
Att vi aldrig ska återta
Vår slitna besinning snart nog
För att kunna vara nöjda
Om så bara för en liten stund
Värnar vi helst av allt för motstånd
Mot alla våra uppenbara brister

De dolda bristerna håller vi undan
Så att de knappt går att urskilja
För den tillfällige turisten
I vårt omedelbara grannskap
Där allt tunnar ur
Som en avgrundens soptunna

I alla våra tillflykter
Ska vi aldrig ens nämna
Vad allt tycks tyda på
Som en del av oss redan insett
Är det alldeles för sent
Att dela med sig av smärtan
Från de uppenbara bristerna
Vi upptäcker att vi själva skapat
I alla våra tillflykter
Som om det aldrig skulle kunna
Gå att återfinna våra kompasser
Under den försvunna kartan
Som om den inte tar sig åter
Från de trasiga balklyktornas land
Och landar i de förortades
Slitna mentala boningar

Du förefaller konstigt nog
Vara levande ännu efter
Alla dessa flyttar mellan världar
Som du borde ha blivit förvirrad av
Och kanske också är
Utan att du själv noterat det
Som något att skriva hem om
Utan att någon annan noterat
Något särskilt med vare sig dig
Eller någon annan inblandad
I just dessa händelser
Under ytan, på bakgator
Och i slitna gränders ekon
Från det liv du flydde från

På de andra sidan verklighetens
Oavvisliga krav på vederhäftighet
Ska de andra ta sig i akt
Under samlingarna på Stora Torget
De dagar då Odd Fellow lunchar
Utan att världen ens noterar det
På andra sidan av verklighetens
Slitna ridå ska vi mötas
Som under ett vattenfall
Av tankar vi borde ha sorterat
Ut från allfarvägens orienteringstavlor
På andra sidan bron
Och på vägen mot de röda stugorna
Vi vandrat förbi sedan första klass
Utan att egentligen betrakta dem

Där är hamnkvarteren
Mer levande än förra hösten
Som om de vaknar
Till liv under den bruna vintern
I alla hörn av sina medvetanden
Med oavvisliga krav
På delaktigheter vi inte kan beskriva
Ens om vi anstränger oss
Mer än vi kunnat föreställa oss
I alla de knaggliga poem
Vi hittar i våra dammiga gömmor

Vi ger oss av i skumrasket
Som jagade tjuvar i förorternas
Slitsamma verkligheter
Där inget är vad det tycks vara
Utan något mycket mer påkostat
Vilket vi inte kunde föreställa oss
Det allra minsta av
I motsatsernas enskilda uppfattningar
På den sidan av allfarvägen
Vi redan slitet ut oss på
Åtminstone är det den
Primära diagnosen vi väljer

Möjligen är alla de där åsikterna
Redan förbrukade när de framförs
Eftersom vi har kritat vår egen rutt
Genom hamnkvarterens slitna stenar
Utan att vi någonsin ska återkomma
Till dem i slutet av någon månad
Och påminna om gamla handlån
Från en förfluten verklighet

Som om det länder oss till heder
Att vi inte påmint om de utlånade
Pengarna någon gång under de
Senaste fyra decenniernas gång

Som om de påståenden
Vi frivilligt återvänder till
Skulle vara de mest sanna
Eller, de som betyder mest
På den väg vi vandrar som offer
I den svala kvällens ömheter
På det allvar vi aldrig skulle
Kunna återkomma till på nytt
Som om tankarna slutade verka
Där och försvann i ett resultatlöst kosmos
Vi aldrig skulle kunna erkänna
Som en del av vår verklighet
Ens så många är efteråt

Om vi visste att de där sakerna
Hör samman med våra liv
Blev det enklare att förstå
Vad det i stort handlar om
I allt det irrationella vi möter
Bakom hörnet i grändernas
När vi rastar vår ångest i mörkret
Med alla de förbeställda trägen
Av fullmatad vattgröt ur släktens
Till synes outsinliga förråd
Av påminnelser om frånvaron
I allt det enkla vi höll av
Som en del av vad vi borde ha
Kunnat dra oss till minnes

Med alla de tankar vi tappat
På vägen mot större insikt
Som om vi aldrig skulle
Kunna hålla oss fria
Från de minnen som häftar
Vid våra själar som oväntade
Tuggummibussar under skorna
Under en färd till fotografen
För fotografering till kronans
Enkla, men ack så effektiva, ID-kort
I en solig, men kylig morgon
I en annan tid av missförstånd

I fortsättningen
Hoppas vi aldrig riktigt
Vad vi måste hålla andra med
Med det vi gör för att överleva
Som ett resultat av egna
Och andras görande och låtanden
På den spelplan som vi
Fått oss tilldelade
Som ett resultat av egna strävanden
Men också, som frukten
Av andras koncentrerade möda
I alla mot- och medgångar
Ett utfall av många möjliga

Med alla de insatser
Vi tvingats leva med
Närmast skinnet och hjärtat
När vi helst ville ge oss av
I nordanvindens tuffa famn
Och sluta leta efter undanflykter
Vi aldrig skulle kunna förklara
Oss ur på ett enkel sätt

Bara tanken på att smita
Är oss helt främmande
Tror vi åtminstone
Och då är ju allt okej
Eller?

De gatlyktor vi stoppat
Undan i våra minnen
Möter själva sitt mörker
För att undvika deltagande
I alla slitna sammanträden
Mellan kärleken och livet
När allt det gamla kan återuppstå
Som infernaliska avsikter
Under en enda sliten kväll
Där allt det enkla tycks slut
På ett charmigt 20-talsmanér
Utan att vi en enda sekund
Reflekterar över att ta illa upp

Möjligen innebär detta
Ett avslag på interna motioner
Vi oavvisligt propagerat för
I alla de slutledningar
Det nu skulle kunna innebära
För oss i motgångens stunder
Där allt är bort, slitet och glömt
I alla funderingar vi haft med
I våra dagdrömmars shower
Av bestialiska vardagsscener
Vi aldrig ska behöva stå ut med
På det sätt vi aldrig kunnat förutse
Med våra bristande utrustning

När vi var medvetna om brister
Och falsarier i vår bakgrund
Skulle vi kunna hålla undan
För de smygskott vi aldrig
Riktigt kommit tillrätta med
När vi aldrig veta om de rätta
Förhållandenas omfattning

I den mängd vi talar om
Betyder det slutet för modellen
Vi alltid tycks ha arbetat
Utifrån i den tron att den
Skulle kunna vara den ultimata
Beskrivningen av livet
Som vi lärt känna det

De vi utger oss för att vara
Behöver inte stämma med sanningen
För att uttrycka det enkelt
Vi lever bara en gång
Och en identitet är möjligen
Alldeles för få för en individ
Så vi körde med multipla
Personligheter, eller snarare,
Flera projektioner av våra liv
I de slutsatser vi präglade på
Vår omgivnings pannor
I ett försök att ta mer plats
Än vi möjligen förtjänade

Betyder vi mer än vår volym
I detta begränsade nu
Eller är vi aldrig på väg
I den mest slitna natten
För att hålla oss undan för gott
Möjligen skulle vi vilja svara
På den förnedrande frågan
Någon annan gång, om vi fick
Välja hur pjäsen skulle sluta
Innan ridån går ner för evigheten
Som om vi aldrig veta mer än nu
Kanske aldrig ska kunna nå
Dessa höjder igen
Inte med lättheten från förr

Med alla våra steg från förr
Är de inte enklare att ta
Kanske mer planerade
Men inte med säkerhet avlade
För att kunna delge oss
Något mer än vi redan vet
I alla våra slentrianer
Vi skulle vilja berätta mer om

Någon gång senare, tycks det,
Eftersom programmet just nu
Verkar överfullt av gammal skåpmat
Vi aldrig skulle vilja friska upp
Inte ens om vi fick betalt

Vi listar aldrig ut innehållet
I våra liv på förhand
Kanske för att vi skulle må dåligt
Av att ha facit i förväg
På de vissna stigar
Vi kan tänkas beträda
Som om slitvargarnas näste
Är det enda vi hållit oss undan
I det så kallade 'långa loppet'
Som aldrig tycks försvinna ut
I en ensam tuva skogsbryn
Vi försöker minnas doften av

Långt in i nattens skrymslen
Figurerar gestalter ur historien
Eller snarare, ur mikrohistorien
Som tycks vara den vi spelar med i
Utan att ha koll
På upp- och nerflyttningsreglerna

Kanske vi saknar regelböckerna
Lika lite som vi saknar eldsvådor
Som förtär våra minnen
På samma gång som våra ägodelar
I den plötsligt ljusa natten

När snarlikheten återvänt
Finns enbart de minsta delarna
Synbara som om de andra
Tagit till flykten i den belysta natten
Där alla smulor av förnuft
Tycks dammsugna av gudarnas
Eget snälspelande jazzband
I den källaren, just där,
Skulle vi ha kunnat leva
Betydligt mer enkelt
Än det tycks oss vara fallet
Just i detta nus ömkligheter
På vägen mot kallkällorna
I vårt hettande inre liv

Vi anar att natten
Sluter sig om oss på allvar
Om vi aldrig ska se den i vitögat
På det där riddaraktiga manéret
Vi alltid varit förtjusta i
Som om vi aldrig ska återvända
Till den tiden någon enda gång
På grund av förskjutningarna
Av våra minnen kontra historien,
Den offentligt nedtecknade
Som vi inte tycks vara en del av
Som vi inte ens minns möjligheten
Att vi kunde vara delar av
Som om det vore förgänglighet
Och enbart minnen återstår

Med alla de tankar jag offrat
Bakom mina avsikters belöningar
Som slitna ögonblick av motstånd
Och inneboende samveten
Från den tid vi aldrig skulle minnas
Som om det vore omöjligheter
På det avstånd vi aldrig summerat
Av någon anledning vi egentligen
Inte kunde redovisa på allvar
I dessa vanmäktiga intäkter
Vi långsamt samlar in
Under den stilla kvällsbrisens
Ömsinta fläktar på åsarna

Som om jag aldrig förstått
Vad vi var i färd med att skapa
Ditfraktade som en insatsstyrka
Ur det förflutnas demonfyllda
Strategiska planer om kontroll
Som skulle härska bredare än förr
Utan att vi någonsin fattade
Vad allt det där egentligen
Motsvarade i standardiserade mått
Där alla kunde leva med
I förståelsen av vår frånvaro
På det där slutgiltiga sättet
Vi alltid hyste sådan förkärlek till
När vi försökte uttala oss vitt och brett
Om tingen, skeendena och livet
Omkring i den brutala natten

Kanske vi levde för ros skull
Och före de kamrater vi hade
Genom livet för att påverka
Våra enkla vanor briserade
Lönlöst i våra hjärnors vrår
Som om återstoden skulle räcka
Till för att kalla handen skulle vifta
Bort våra invändningars gester
På det där okamratliga sättet
Vi aldrig kunde förlika oss med
Även om tanken förespeglades oss
I rudimentära manuskript
Återfunna alldeles nyligen
Som av en, eller annan, slump

När det var jag som började
Var det inte helt säkert
Vad det skulle innebära
För vår framtid jämte varandra
I denna slokörade morgon
När dåtiden tycks växa oss
Över huvudena i grälkrigandets
Ädla konstart, förädlad genom
Långvarig och enformig träning

Att summera sig själv tycks vara
Minst sagt ogörligt i detta absoluta nu
Som om det aspirerar på merparten
Av alla de insatser vi lärt oss hantera
På ett mycket mer praktiskt sätt

Förberedelserna och pauserna
Förefaller minst lika betydelsefulla
Som det internaliserade sättet att tänka
På sig själv i tredje person singularis
Som den psykopat man alltid försökt
Maskera att man döljer inombords
Men vad göra när man är på gång
Med allt det man tidigare inte kunnat
Få att fungera i motvinden omkring en
Som om det bara finns en enda utväg
Men, man känner inte till den så väl
Så man låtsas som att man inte vet
Det kanske blir enklare så
Om det nu finns en variant av enklare
När det handlar om sådant

Det mest brutala i ansatsens början
Är alldeles avgjort det andra steget
Som ska följa på det initiala steget
Utan riktigt avbrott, så att säga,
Utan mer vara en del av flytande form
Av rörelse riktad åt det håll vi avser
Att röra oss just denna gång vi tar åstad

Kanske vi gör alltför många misstag
Men de ska ju enligt manualen
Också föra oss framåt, fast på så mycket
Längre sikt att de möjligen inte är
Riktigt kompatibla i detta läge

Vi kanske måste avbryta ansatsen
Och starta om den om en stund

Som om det vi sade tidigare
Redan hunnit äldras så mycket
Att det inte längre är gångbart
I våra slitstarka åsikters svett
Som om de behöver oss mer
Än vi behöver dem för vårt väl och ve

Slutsatserna briserar emellanåt
Och skadar oss aningen mer
Än vi varit kapabla att förutse
På fel etage, så att säga, om man
Vill uttrycka det på det viset

Så, redan nu, en dålig start ...

I natten bryter vi vidare i gruvan
Av tankar vi processar som kotletter
I den brutala närvarons enerverande
Upprepningar av allt vi fortfarande minns
Från det där året vi försökte
Oss på att hantera oljefärgen
Mer konkret än tidigare i livet
Och välte terpentinflaskan
Över en bok av Lars Norén
Som kanske blev mörkare av detta
Eller späds ut av terpentinet
Till mer smaklig koncentration
Än när Norén skrev den en gång
Och Norén väntade sig kanske inte
Att vi skulle läsa den där boken
Inte som jag kan minnas, i alla fall

Nu var ju inte vi de enda
Som försökte hålla oss på mattan
Det fanns andra som aspirerade
På att tillhöra samman gäng
Vart vi skulle ta vägen var svårtolkat
Där vi letade efter sanningen
Fanns den tydligen inte alls
Hur det nu kunde komma sig

Det var svårt att avgöra orsak
Och verkan i det här sammanhanget
Som om det skulle innebära
Värre missräkningar än vi kunde tåla
Som om vu med ens blivit
Aningen mer mänskligt svaga

Det var inte det mest allvarliga
Vi hade råkat ut för så långt
I vår historia, men på något sätt
Kändes det ändå som om det
Vore vårt fel att vi mådde dåligt
Vi hade åtminstone inte någon
Att peka ut för det där måendet
Och det är ju en indikation om någon
På att något inte alls stämde
Med hur vi uppfattade situationen
Just i det där läget vi befann oss i
På det sättet skulle vi aldrig mer
Kunna återse oss själva som deltagare
I det här livets alla krumbukter
Medan vi letade efter något helt
Fristående och annat på samma bana

Där vi letat efter sanningen
Var vi så fint förberedda på döden
Att vi aldrig mer skulle tveka
Det allra minsta när vi var på väg
Att svänga runt ett hörn
Och åter ge oss ut på autostradan
På jakt efter det mest gynnsamma
Vi kunde föreställa oss i världen
Vare sig det nu var fysiskt eller psykiskt
Som om det spelade oss någon roll
När vi gett oss så långt ifrån säkerheten
Att vi knappast skulle hinna tillbaka
Om faror dök upp längs vägens lopp
Och så kunde vi kanske inte ens
Förstå vad för språk de talade där
Än mindre göra oss förstådda på det

Nu bad de ju egentligen inte oss
Att stanna kvar, de bad oss stanna till
Vilket innebär en milsvidd skillnad
Som vi var känsliga nog att förstå
Även om vi naturligtvis vill bli kvar
Längre än vi från början hade tänkt oss
Som det brukar bli när man har trevligt

Så, vad skulle vi ta oss till denna kväll
När vi tydligen inte längre var välkomna
Där vi befann oss och ingen annanstans
Vi kunde minnas vid en hastig genomgång
Av de möjligheter som tycktes stå oss
Till buds i den stilla kvällens ljumma
Intigheter längs chaussén vi måste ta oss
För att nå ner till hamnen i tid

Det lite tankedryga sättet vi tycktes
Framstå på var inte till vår fördel
Det vore en överdrift att påstå att
Något sådant var fallet, men vi ville
Så gärna att det skulle vara så
Som vi hade önskat en gång i tiden
Men, vad skulle vi ta oss till i detta nu?

Fanns det inga utvägar vi försummat
Att föra upp på vår lista över riktningar
Vi skulle kunna röra oss i när vi
Stängde dörren till detta lilla vita hus
Eller några oförutsedda erbjudanden
Vi aldrig kommit ihåg förrän just nu
När vi så väl var i behov av dem

Lite sent påtänkt, kanske, men ändå
Skulle det lösa vår penibla sits ganska bra

Vi visste väl aldrig särskilt noga
Vad sanningens baksida betydde
När den slutliga doseringen tilltog
I grönsakslandets emotionella persilja
Som om de kantater vi höll oss till
Skulle medföra en nivellering
Av den slutgiltiga uppenbarelsen
Vi förstått att hålla oss undan
I såväl snålbläst som medgång

Listorna vi gjorde blev så långa
Att de inte hjälpte oss
Med att skapa överblick
Över vår nuvarande situation

Längt därifrån!

När de nedkippade tankarna
Blir de första som syns
På ytan av vardagens stilla ocean
Av oanvända möjligheter
Nu skulle vi aldrig kunna hålla
Oss undan i slutförvaringens
Så slitet förminskade förrum

Kanske vi till och med numera
Skulle kunna betrakta oss själva
Som någon slags framgångsfigurer
Utan att det länder oss till någon
Som helst heder på grund av detta

Men, men men …

När det uppdagas att vi inte längre
Håller styrfarten lika elegant
Som vi kunde i ett annat årtusende
Visar sig de extremt negativa
Sidorna av våra åtaganden
Som en clipboard utan styrsel
I den slutna nattens landskap

Utan att vi ens behöver leta efter
Alla de insmickrande delar av livet
Vi skulle kunna veta bättre än
I alla de kanaler vi åtagit oss
Att fylla med informationens
Sista små pusselbitar i avarter
Vi aldrig kunnat föreställa oss ...

Kanske de där sakerna blir
Det klart mest enkla vi kan se
På våra uppfordrande evenemang
Som i den sista percentilen
Skulle kunna åsamka oss skada
Om vi inte vidtog mått och steg
För att lösa de problem detta medför

Klappat och klart, kan man aldrig
Tycka att det blivit, men aningen
Mer strukturerat än tidigare decennier
Skulle man kunna leta sig vidare
Utan att ens förstå hur det gick till
I den slitsamma verksamhet vi
Så länge underlåtit att strömlinjeforma
I enlighet med specifikationerna

Vi hade, det ska erkännas, inte riktigt
Budgeterat för alla de avvikelser
Vi med ens sysselsatte oss med
Som om vi aldrig skulle kunna
Betrakta något på avstånd
Istället för att vara alltför involverade
I den fysiska strukturen
Av det vi planerade att utföra
Under nästa budgetårs bergochdalbana

Som om vi egentligen hade ett val
Mellan att göra eller inte göra
I dessa skakiga minuter vi aldrig
Skulle kunna hantera bättre
Än våra föregångare i dessa kvarter
Utan att ens reflektera …

De snarlåsta sönerna är
Inte de mest flyfotade i gryningen
Som om de kräver en startsträcka
För att ta sig vidare i livet
På den sida av snarstuckenheten
De anser att de undviker
För att ta sig vidare i sina liv
På alla de sidor av oförmögenheten
Länder det oss till heder
Att vi kunnat ta oss vidare

Kanske inte så långt som vi
En gång trodde att vi skulle
Kunna ta oss utan minsta besvär
Under devisen: "Hur svårt kan det vara?"

Att vi aldrig skulle kunna tro
På våra snabba beslut
Och så noggranna planeringar
I höstens skiftande färgskrud
Som om vi aldrig skulle återvända
Till dessa tassemarker vi vant oss vid
Aldrig någonsin, tycktes det

Vi kanske skulle ändra uppfattning
Om vi aldrig riktat in oss
På att delta i snabba beslut
Och de mest slätstrukna
Indelningar vi kunnat förmå oss
Att ta några som helst beslut om

På det hela taget ganska lyckat
Intalade vi oss allt framgent

De nya linjerna i våra ansikten
Varnar oss för risken
Att fastna i det förflutna
Som dess fångar om vi inte
Ser upp ordentligt under
Vår framfärd genom tiden
Som om vi aldrig skulle kunna
Ta oss vidare in i slutskedet
Utan att lida besynnerliga nederlag
Vi aldrig kunnat förklara
På det sätt vi skulle ge oss av
Att söka efter de snabba lösningarna
På sidan av allfarvägens myller
Av motstridiga illviljor

När vi återkommer till vanligheten
Med förnyad kraft och tålamod
Skulle det inte skada
Med aningen framåtanda
I våra så slitna hjulspår
Från gårdagen och alla dagar innan
Då vi inte kunde varken framåt
Eller ens bakåt för den delen

Vi lurade oss själva i motvallsen
För att snabba upp våra psyken
På det där anarkistiska sättet
Vi var så orimligt svag för
Vad vi än tyckte om dessa yttringar
Av oftast oreflekterad kritik

Nuet är mer närvarande
Än vi någonsin kunnat föreställa oss
Åtminstone inte på allvar

Så, vi landar mjukt i den blotta
Förvissningen om att vi är på väg
Åt ett håll som inte är mindre rätt
Än de alternativ som uppdagas
När skymningen sätter sig tungt
På vår sista dag på detta jobb
När vi helst av allt skulle vilja undvika
De där pärserna för gott
Som om det vore genomförbart
I detta nu – i denna tid
Utan svar på frågorna till slut

Chansen att vi kan återvända
Tycks i detta nu vara minimal
Som om slitet inte räntar
Om man säger så, som man säger
I alla motlut är vi lika, men somliga
Är mer lika än andra, som alltid

I den chock vi ständigt lever i
Kommer vi inte att krya på oss
Så mycket mer än vad vi lärt oss
Vara nödvändigt för att återuppleva
Morgondagens pressande klimat
På det där sättet vi alltid velat
Skriva en bok om i lönndom
Och på ett avstånd relativt verkligheten

Dä kan vi raskt återvända
Till de gula husen i Handen
Som vi använde som kakel
På landsvägsturerna per cykel
På den tiden sommaren var klarblå
Och alla väntade på den som slet ont
I färden längs oljegrusets sanndröm
Av det liv som skulle ges till deltagarna
Som om det fanns ett behov av slit
Som verkligheten gladeligen infriade
På det där käckt rutinerade sättet
Vi så småningom skulle vänja oss vid
Att oavlätligt mötas av i dörrhälet
Som om det vore vår skuld att ett regn
Skulle drabba oss under väntetiden

I alla våra dagliga aspirationer
Är en rask tanke att föredra
Även om vi aldrig kan leta oss
Tillbaka till vårt ursprung
Med den lätthet som vi trodde
Att vi skulle ta oss därifrån
Utan något allvarligare än luften
Vi oavbrutet klagade över kvaliteten på
Som om det vore något vi kunde
Påverka den allra minsta smula

Så, vi fortsätter tyda tecknen
På det sätt vi lärt oss att hantera dem
Så slutar även denna gata i en annan
Som om det vore helt naturligt

Det förefaller inte klokt så länge
Efter att vi anlänt per droska
Och småpengarna knappt räckte
Att betala för den turen
Som om vi inte hade koll på
Hur vi skulle ta oss fram i världen

Eller så var det helt enkelt så
Att vi inte hade den koll vi trodde
Och levde i ett bekymmersfritt elände
Vi aldrig skulle kunna avsluta
På ett rimligare sätt än tidigare
Då alla vägar flyter samman
Och leder oss till vad vi glömt
Att lära oss att hantera just nu

Vi talar allvarsamt, i våra ögon,
Som om vi ska lära oss av rännstenen
Igen, utan att ha någon koll
På vad vi egentligen är här för
Att ta itu med på ett allvarligt manér

Då skulle vi på något sätt
Kunna leda oss själva i mörkret
Som en somnambul i vaket tillstånd
Utan de bakhala tankar vi slutgiltigt
Trodde oss befriade ifrån till slut
Men tydligen får tvingas sällskapa med
Ytterligare några coner av vardag
Där i hörnet på det lilla torget
Som påminner om Washington Square
Utan att vi egentligen vet varför

Där vi sätter upp kontoret
Verkar det vara som idéerna möts
Utan att inkludera just oss
Inte i detta nu, om man så säger,
Då det i alla fall inte ska leda oss
I någon speciell riktning
Inte nu längre när vi inte har någon adress
Att sända våra tankar vidare till

Så, det är precis så det kan gå
Om inte den kända haspen är på
Skulle någon av mostrarna kunna
Brista ut i tirader om längs gatan
Medan vi står i kön och väntar

Nu ville vi alla fall svara oss själva
Det var alltid en slags förändring
Vi kunde tycka var till det bättre
Men det skulle ju visa sig att det inte
Skulle bli så stor skillnad mot hur det
Hade varit under de senaste åren

Vi hade liksom inte förstått att det inte
Fanns någon väg tillbaka genom dimman
Vi spridit om vår bakgrund och de
Människor vi en gång hade känt
Alltför väl för att det skulle kunna
Räknas oss till godo just i detta tillfälle
Så, det enklaste vore att bara försöka
Glömma vart det kunde leda oss

När vi slutgiltigt förstått
Innebar det förstås andra komplikationer
Som vi inte riktigt rådde på
Vad nu det kunde ha orsakats av
På den sida av älven vi ville gå
När alla andra prompt skulle promenera
På den andar sidan av vattnet
Inte för att det egentligen spelade
Någon roll, utan mer för att det
Kanske blev någon slags omväxling
Med ett sådant, lit upproriskt,
Beteende från deras sida i dessa dagar
När vi ändä inte riktigt visste
Hur det skulle kunna sluta framöver

Om det ens hade något identifierbart slut

Där alla tillslag från den smala
Vägen är det mest snöpliga
Vi har förstått att vi brukade
I alla komplikationer med oss
I den vanliga rutten genom vardagen
Där ingen var bättre än någon annan
Men samtidigt …

Samtidigt fanns det något som gnagde
På tankemattans prydliga ragg
När vi undvikit det mesta av vikt
I våra otämjda tankegångars
Vilda dans över bakgårdarna
Just den där fredagen när allt
Tyckte falla på plats igen
Mer skulle komma , det var vi
Övertygade om, för en gångs skull

Men, skulle vi behöva yttra oss
I detta ärende, som om vi egentligen
Hade ett uppdrag inom detta gebit?
Att säga att vi hade svårigheter
Vore en drastisk underdrift
Av makabra omfattningar just då
Men, vore det inte bättre
Att dela med sig av ytterligheterna?
För att jämna ut oddsen en aning
Kunde vi tycka på ett grälsjukt sätt
Som om vi inte riktigt förstod
Vårt eget bästa ens i denna dager
Där andra självklarheter tycktes
Dyka upp ur tomma intet
Så varför inte några till?

Som en tändlunta i det fjärran
Där alla lämningarna av släkten
Ska kunna komma till tals med
Sig själva, genom andras språk
Bristfälligt hanterade genom livet
Och erbarmligt torftigt dessutom
Skulle det i sig själv kunna innebära
En fara för vår sociala säkerhet
På ett sätt vi inte kunnat figurera
I på något som helst naturligt vis

Så, det är inte enbart historien
Som angriper oss i lönndom, utan
Även dess uttolkare på samma buss
Vi tar hem efter teaterföreställningen

På avstånd kan vi betrakta oss själva
Som centralgestalter i våra liv
Men sanningen förefaller vara en annan
Där vi slutar att befinna oss i
Något som helst centrum
Och mest dillar runt i utkanterna
Av våra egna livslopp, vilket ter sig
Aningen outgrundligt, för att uttrycka
Det på ett milt sätt i detta groteska
Fördummande av vårt eget ursprung

Som om det inte räcker till något alls
Och vi skulle kunna hålla oss undan
Ännu några hundra år genom manipulativ
Folkbokföring och ställföreträdande
Offerriter ur det förgångnas dimmiga
Korridorer vi knappt hittar i längre

Nu lever livet oss som en tyrann
I de suddiga stadslandskapens virrvarr
Av görande och låtanden vi inte rår över
På den slitsamma strävan efter mer ljus
Som skulle kunna förklara för oss
Varför vi landade i denna bakgatornas
Bakgata i en vindpinad kuststad
Det hade vi inte kunnat förutse
Knappt ens kunnat drömma fram
Som en absurd slitagedetalj i mörkret
Som redan då tycktes omge oss
Utan att vi en enda gång fattade
Vad det skulle kunna komma
Att ge oss i gengäld i det allvar
Vi hade försatt oss i   ännu en gång
Vi försökte ta så kallade "nya tag"
Men vår greppstyrka var starkt eftersatt

De där förbrukade decennierna
Hade till slut förnekats oss
Som om det vi letade efter
Egentligen tillhörde andras liv
Och inte hade den minsta bäring
På våra livskurser i sammanbrottets
Exkurser om allehanda, till synes,
Så viktiga insikter om gatstenarnas
Mönsterspridning på västkusten
Där alla de slutsatser vi tyckte oss
Kunna hantera och leverera vore
Som slag i tomme, utan minsta effekt
I det som vi lyckats intala oss var
Vårt viktiga mål med all denna möda
Som om det ens fanns någon
Som ens var intresserad av att bry sig

Nu tycks vi leta i cirkulärt
Begränsade tankars sammanköttade
Inviter till tankebrötarnas årsmöten
På de bakgator vi smyger längs
I den brutalt fuktiga nattens följder
Och ingen, säger ingen, vet egentligen
Vad vi håller till i nattens mörker
Som om det inte längre skulle kunna
Driva på oss så mycket att vi aldrig
Vill sluta med att jaga genom historien
På det där oeftertänksamma viset
Vi inbillar oss är den vinnande strategin
Som ska leda oss genom eftertanken
Till tankar som kommer före
Och får oss att undvika livets
Slätstrukna avigsidor på genuint allvar

Som om vi skulle kunna ta
Oss fram i det hårda motstånd
Vi själva skapar för vår verksamhet
Där inga diplom delas ut längre
Eftersom innebörden har förskjutits
I alla den frånvara vi lyckats prestera
Under de år av idogt undvikande
Vi haft lyckan att skrapa samman
Utan mål eller ens en vag tanke
Om vad det skulle leda till
På det där sättet vi aldrig ska lära oss
Av med, eftersom det på sätt och vis
Ändå har varit en vinnande strategi

Åtminstone i de trasiga avseendena
Vi försökt undvika, men misslyckats med

I allt det där gamla var vi
Så obeslutsamma att vi grottade
Långt djupare än vi borde ha gjort
Men, det är lättare sagt än gjort
Att ta sig samman i lägen
Som kan kallas kriser, men oftast
Går under rubriken 'vardagsliv'
Och förefaller vara på väg in i
Den slutförvaring vi försöker undvika
Så gott det nu bara går under de där
Förutsättningarna vi tvingades
Att leva under för att stå ut med vardagen
Som om det egentligen inte fanns
Något alternativ vi kunde förlita
Oss på, utan mer måste tvingas oss
Till något slags avslut av det hela

Som om det vi vanligen gör
Är så enkelt att vi borde klara det
Utan att ens anstränga oss det minsta
Som om vägen framåt redan är röjd
Av andra, som på något sätt redan vet
Vilket håll vi ska vara på väg åt
När vi accelererar våra tankar
På det sätt vi har vant oss vid
Att göra för att hålla undan i livet
Från det som hotar våra liv på allvar
Utan att vi någonsin skulle förstå
Vad det skulle kunna betyda senare
När vi saktat av vårt tempo för att
Lättare kunna sätta ner foten och stå stilla
Utan att det väckte alltför mycket
Av omvärldens uppmärksamhet
Så vi fick smyga fram till nästa dag

Om vi aldrig va upp
Alla de gamla drömmarna
Skulle det kunna innebära
Att vi inte tog oss dit vi ville
Utan mer dit vi råkade hamna

Det känns ju inte så bra
Men, vad ska man göra
I detta kaos de kallar livet?

Det finns inte många pauser
Mellan de stora besluten
Det vidriga med dem är att
Vi inte inser att de är stora
Förrän i efterhand   när det
På sätt och vis kan tyckas
Vara försent och överspelat

Mest problem är det ju
Med det till synes enkla
Det som vi trodde att vi
Skulle klara lätt som en plätt
Men, kanske det där vore föremål
För en total revision
Som skulle förändra vår syn
På världen som vi känner den
Och vår attityd till den
Inte minst eftersom vi inte tycks
Ha något val mellan så många
Onda företeelser alla andra betraktar
Som status quo, men vi …
Vi håller oss på kanten av brädet
Och spelar i stiltje som psykopater
I ett stilla duggregn

Som om alla de där tankarna
Gett oss det enkla för att vi
Ska veta vad vi ska hålla undan
För i alla dessa låtsasvärldar
Där vi tar till tordönsgitarrerna
För att överrösta våra slitna tvivel
Under alla de där repetitionerna
Genom årens allvarliga framsteg
Inom vilket område som helst
Bara vi kan undvika allvaret
I det vi håller oss undan för
Som om det fanns en deadline
Inbyggd i vår arvsmassas väggar
Där vi enklast håller undan genom
Kasta oss in i centrum av bråket

Vi var, naturligtvis, osäkra
På vår förståelse av alla koncept
Som om vi ens hade reflekterat
Över vad de skulle kunna betyda
Om vi bara hade gläntat på locket
En smula mer aggressivt än förr
När vi inte ens brydde oss om
Att brödkanterna på toasten
Blev en liten smula brända
Och gav oss en sensation när vi bet
I kanterna och de flagade som sot
Mot våra torra munnars slemhinnor
På det där sättet vi egentligen gillar
Men har så svårt att erkänna
Att vi favoriserar rakt av i vardagen

Kanske livet blev inneslutet
Och oavlåtligt isolerande tråkigt
När vi slarvigt nog inte längre
Förmådde hålla oss flytande
På samma friska sätt som i Göteborg
Utan de snabba skiftena
Mellan här och där under dagarna
Som förflöt som de blå spårvagnarnas
Gnisslande i kurvan vid Allén
När jag väntade på dig en eftermiddag
Som skulle komma att upprepa sig
På ett helt annat sätt än vi
Kunnat förutse under de där åren
Som om vi egentligen inte alls
Hade någon koll på våra framtider

Det illvilliga snokandet i vårt
Förflutna tar sig alltmer groteska
Toner av söndersmulande taktlöshet
På det sättet vi aldrig kunnat tro
Om oss själva i dåtiden, men får
Stå ut med att uppleva i en slags nutid
Där vi känner igen oss brickor
I ett spel vi knappt lärt reglerna till
Men segervisst brakar in i för att spela
Som om vi aldrig skulle kunna
Tappa ett enda set under alla de där
Slumpvist utvalda matcherna
Vi skulle komma att delta i
Under åren som skulle komma förbi oss
Som knappt igenkännbara släktingar
Från ett annat årtusende

När vi tydligen väntat för länge
På det övertygande i vad vi gjort
Kommer de gamla tankar i retur
På ett sätt vi aldrig kunnat förutse
I den mara av slitna tankar som virvlar
Runt i själens centrifug
På det brutala sätt naturen alltid
Kommer att lösa alla uppkomna kriser
Utan att civilisationen har någon insyn
I vad som tycks försiggå
I det snabba tumult vi tidigare
Avstått så mycket ifrån
Utan att vi någonsin brutaliserats
Till den nivå vi nyss lämnade bakom oss
I den stilla förstadens gatstensgitter
Utan dess snarlika till efterföljd

Vi försökte oavbrutet se till
Att de kopierade tankarna
På nytt fick sig ett bad av entropi
Så att de åtminstone skulle förefalla
Bearbetade i månskenet omkring oss
Där grannarna från Hornstull
Håller sig för fina för att ingripa
I allt vad vi gett upp om att åter förstå
Så att schäfrarna rasslande reser sig
I tunnelbanans förhall bligande
På oss när vi tar oss förbi på väg
Mot andra stadsdelar än den vi tilldelats
Som om det finns en möjlighet
Att vi kan flytta fritt omkring
I denna stadens omväxlande geografi
Och socioekonomiska förutsättningar
Som om ...

När vi visste med exakthet
Skulle vi återvända sade vi
Men, man vet hur det går
Med sådan utfästelser
Tiden går och nya löften ges
Till nya löfteskrävare
Som om det inte finns något slut
På de där utfästelserna
Eller snarare, kraven på
Att de ska utlovas i tid och otid
Så, andras osäkerhet, driver oss
In i 'kontrakt' vi inte avsett att skapa
Än mindre hålla, på grund av deras
Mer eller mindre tvingande karaktär

Då de inte återvänder till sig själva
Kan det dröja innan nästa

I alla de delar vi undviker
Skulle livet etableras
Som en ny standard
Aldrig tidigare sedd eller beskriven
Men med de snabba flykterna
Från gårdagen mot den än mer
Suddiga morgondagens ljusa gryning
I det fjärran och okända landet
Vi brukade kalla 'framtiden' eller 'sedan'
På det där slarviga sättet
Vi använde när tiden tycktes
Omöjlig att mäta, omöjlig att slösa bort
Men, det kan vara så knepigt
Det där, möjligen knepigare
Än vi ens kan förställa oss nu
När vi äntligen tycks fatta
Hur komplicerat detta är

Nu vet vi väl aldrig mer
Vad motsatserna till oss skulle vara
I de korta ansatserna vi gjorde
För att skapa det där bestående
De där pyramiderna, om man så vill
Så att minnet av vår tid på jorden
Skulle leva vidare i historien
Nu kanske det inte blev så
Eller hur man ska beskriva nulägets
Bristande respekt för framgäng
Och monumentbebyggelsens framsteg
Som ett tidsfördriv bland så många andra
Där vi försökte rikta in oss på
Det skulle verkade vara användbart
På det där snikna sättet vi alltid
Hade försökt oss på att hysa en hemlig
Beundran inför, utan att lyckas

Där de snabba kasten
Är det enkla vi ska hålla oss till
Utan att försöka att ge oss in i givar
Som skulle kunna ruinera oss
Både på kort och läng sikt
Så, sådant går bort, liksom längtan
Efter fler radioprogram med allvarligt
Pretentiösa medarbetare som presenterar
Sina 'life hacks' som om det är saker
De kommit till insikt om
Medan materialet kommer ur böcker
Som deras mormödrar läste i ett annat
Årtusende de försöker glömma att
Deras DNA hör hemma i
Det är inte omvälvande, det är enbart
De där historiska fakta som regerar
Fortfarande, och för evigt

Nu tycks ju det vara lockelsen
I detta ömtåliga system av halva
Sanningar och felinformationer
Som brusar kring öronen
På oss alla, oavbrutet interfolierat
Med reklampauser (för vårt bästa köpval)
Som om inte en tiondel av allt detta
Vore nog att omgärdas av i slutet
Av en månad som märkligt nog
Innehåller 28 dagar (som alla de andra)
Utan att det framstår som en "världsunik"
Nyhet av den grad att den behöver
Basuneras ut i alla kanaler samtidigt
Som om den har någon vikt i allt
Det vi sliter med att centrera i livet
Utan att missa centrifugalkraftens
Inverkan på själen ensamhet

Kanske vi brister av saknad
Mitt i en ballad i D, som om
Vi aldrig skulle kunna återvända
Till de "stenar där barn vi lekt"
Utan att minnas allt vedervärdigt
Som, trots allt, utspelade sig där
Inte i ett nu som är förlorat, utan mer
I ett nu som ihågkoms för eviga tider
Som om det har signifikans och täga
I det allmännas påstädda avsikter
Vi aldrig skulle böja oss för
Utan i själva verket kröp långsamt inför
Utan att tycka att det var konstigare
Än något annat vi tvingades till
Med det allvar som är den slitet
Självrättfärdige apostelns egna version
Av vad som egentligen hände där borta
I skugglandet mellan rädisor och pion

Nu är väl detta enbart
Ett sätt att ta till sig
De utstående tankar vi gett upp
Om att förstå vad vi sysslar med
Det enkla är inte längre vår melodi
Kanske inte någon annans heller
Men det är inte värt bryderi
Eftersom det tillhör yttre sidan
Av vår trånga verklighet i nuets
Så snirklande lianer av gammeltankar
Så att det vi undviker ska bytas
Mot nya tankar från en influencers
Så kallade tankeverksamhet
Där vi har ynnesten att betala
För återanvänt tankegods från
Förra årtusendets ledsna bilköer
I allehanda förorter av betong
Byggda på ett slags beting

Om våra slitna tankar ännu återstår
Kan vi leda oss bort i natten
Utan att trilskas en enda gång
Men, tillfölet gör tjuven,
Så om det upprepas vet vi inte
Vad som kommer att hända
Som om det inte längre finns
Några garantier för något alls
Utan att snegla på kontrakten
Vet vi att det är så det ligger till
Utan att vi en enda gång återvänder
Till den slitna soffgruppens mjuka famn
Som om det redan då saknades
Både det enda, och det andra
Kanske vi valde att lita på detta
Men, det har vi fått ångra många gånger
Och dagarna briserade plötsligt
Fast vi höll oss lugnare än på länge

När vi smidigt försöker smita före
I någon som helst kö finns vän av ordning
Där och motar bort oss med ens
Utan att en enda gång ställa frågan
Om det är hän eller vi som tränger sig
Före i alla köer vi sett kollapsa
Längs den väg vi färdats längs
Som om snabbheten bedrar visheten
Eller de snabbaste puckarna landar först
Vilket i detta sammanhang inte är bra
Det är inte det resultat vi längtat
Efter att åtnjuta i skuggan av en stapel
Av den ved vi redan intecknat inför
Den kommande vinterns insisterande
På att komma först i åtanke när temperaturen
Så sakteliga sjunker väl djupt under nollan
Där vi försöker mota den i grinden
Som en olle på rymmen från armén

I den där nischen lever vi gärna
Utan att vi för någon annans skull
Begär brott i allvarets namn
Som om blotta tanken på detta
Skulle åsamka oss smärta utan ände
I de slitna minuter vi alltid avsett
Vara till för återhämtning nu ska brukas
Till något helt och håller kommersiellt

Då kanske vi kommer att brisera helt,
Utan åtskillnad mellan könen
Kanske med mer betoning på natten
Än någonsin i denna oupplysta tid
Som vi försöker stävja bäst vi kan
I snabba ryck över isarnas brisader
Av frusna småfåglar som färdas längs vinden
Utan att släppa taget om den sommar
De fortfarande längtar så innerligt
Efter att åter uppleva, utan komfort
Eller andra extravaganser, men natt

Om vi skulle låtsas vara
De vi ville vara i framtiden
Som om de snabba kasten
Inte påverkar oss så mycket längre
I alla de snabba insikter
Vi ska dela med oss av i framtiden
Utan att något av allt det där
Skulle vara mer verkligt
Än det förflutnas skuggor i medvetandet
Utan de där snabba insikterna
Vi oavbrutet försöker undvika
Under alla våra försök att återta
Den makt som tagits från oss
Där vi laddar om på ett mer allvarligt
Sätt att förhålla oss till omvärlden
På det där sättet vi aldrig skulle
Kunna fatta tag in med allvaret
Hos dem som förstår vad de gör
Medan allt det andra enbart saktar in
Och blir oefterhärmligt, igen

På alla de där slitstarka golven
Vi undvikit att halka på
Som om standarden förnyats
Med den tid som förflutit
Och vi aldrig skulle kunna
Hålla oss undan i evighetens
Snarstuckna uppsåt av allvar
Utan de där snabba sticken
Av ofullgångna tankar
I det brusande havet av influencers
Runt omkring på sopstationens
Erbarmligt enahanda insikter
På det allvar vi så länge undviker
Att vi förlorar insikten om
Att detta egentligen inte hör hemma
I våra tankars stilla puttrande

Men, kanske vi möjligen såg
De där bilderna som vi jagat
Under så många decennier
När vi inte kunde finansiera
Det material som behövdes
För att låta oss förstå det rimliga
I alla de felslut vi envisades med

Så snarstuckna som vi då var
Fanns det ingen anledning
Att hysa någon som helst oro
Över just detta, som det ju fanns andra
Saker att frottera ångesten med
På ett betydligt mer fruktbart sätt
Utan att vi längtade bort
En enda gång

Dä vi intalade oss själva
Att frånvaro är andra sidan
Av närvaro som briserar
I den slutna natt vi aldrig
Ska hitta tillbaka till just nu
På alla de snabba avsikter
Vi delade med oss av i motsats
Till det vi la märke till i ögonvrän
Den där sista dagen i augusti
Då mörkret äntligen återvände
Från alla sina utflykter i universums
Allra som mest avlägsna ställen
Utan att vi blivit informerade
På det sätt som hade planerats
Som om vi saknade just detta
I denna stundens allvarsamma
Och oavsiktliga insikter av gråt
I den natt vi aldrig kände
Vid förnamn, utan kallade för 'Ni'

Vi kanske skulle se att de
Där svaren dök upp på ett nytt sätt
Som om de tog emot gryningen
I alla de försvar vi ville
Ge oss själva i presenter från förr
Utan att vi någonsin skulle återvända
Hur nu det ens är möjligt
Vi visste varken ut eller in
I den slitna gårdagens eftersvall
På det där sättet vi alltid längtat efter
Som om vi skulle kunna komma vidare
I alla våra uppenbara satsningar
På fel nummer i alla lotterier
Vi någonsin hållit oss undan
Som om slitet bara var ett varsel
Om något mycket värre
Som om det ens vore möjligt
I de skuggade delarna av gatorna
Utanför våra synfälts egna staket

Vi satsade envist på det enda
Nummer vi med säkerhet
Kunde identifiera för tillfället
Som om det aldrig skulle
Dra oss in i slutförvaret
På det där sättet vi aldrig
Riktigt förstått att vi egentligen
Hade besvär med längs rutten
Vi försökte hålla oss till

När snabbheten blev lidande
Fanns det annat som aldrig
Skulle återvända till oss
Inte på det där välbekanta sättet
Som om vi inte visste det

Om vi visste godheten
I allting omkring oss
Som de stora effekterna
Vi alltid ska dela med oss av
På det där sättet vi alltid
Varit en smula avundsjuka på
Som om det rör oss i ryggen,
Som om det inte hör hemma
I våra snabbt reducerbara liv

Där allt det snabbkonsumerade
Ska hålla oss undan för alltid
Som en tanke förvirrad av tid
Och förändrade förutsättningar
Utan att ens blicka bakåt

Med det där allvaret vi aldrig
Skulle kunna återvända till
Som om vi fattade fel från start
Och gav oss ut på fel spår
I alla de detaljer vi längtat efter
Utan att ens förstå att vi hade
Saknat dem i så många år

Snabbare än så kan det ju knappast
Gå utför med en människas själ
Utan att den går förlorad
På det sätt vi ska undvika
Att hålla oss undan
På det där markanta viset
Som är vår dröm om perfektion

Som om livet briserar
Innan det landar i vår trädgård
Utan egen förskyllan, så att säga,
Utan de tankar det skulle kunna väcka
Om vad det egentligen handlar om
När vi delar ut oss i tunnelbanans
Norra ingångar över hela stan

Utan de snabb korrigeringar
Vi alltid ska hålla undan för
På det sätt vi aldrig fattat
Att vi ger med oss av i nutiden
På det allvar vi skulle återfinna
I smatten mellan in- och utgångarna
På andra sidan om livets korridorer
Nedsänkta under golvnivån, igen

För att inte tala om hissarna
Som skulle kunna smitta oss
Med någon form av svindel
Utan att vi förstod dess omedelbara
Konsekvenser på våra liv
Som om,
Som om vi fattade nada i kylan
Vi upplevde komma från utsidan
Av våra svettiga kroppar
På undersidan av medvetandets
Enskilda komponenter av vila
Där svalkan enbart vore en chimär
I denna vilda tid av påståenden
Om ditten och datten
Kanske mest om ditten, när jag
Slutgiltigt tänker efter en smula
Som jag plägar att göra
Framåt kvällningen

Om vi håller farten genom vinden
Kommer vi att anlända
Innan vi startade vår färd
Något som förefaller märkvärdigt
Men inte absolut omöjligt
I denna slitna tid av dårar
Som omger oss på alla sidorna
Av vår slitna verklighets öde landskap
Som om vi ska undvika alla
De där fällorna per automatik
Utan att ens förstå när de nalkas
Som om det inte ens
Handlar om ett hot längre
Utan fastmer en stilla flirt
I vakan efter slutsignalernas
Oefterhärmliga upptåg i natten
Där snarlikheten är det främsta
Kännetecknet att leta efter

Av de bitar v förstätt gör vi kakor
Av lavendel och mjukt ris
I alla de skrubbar vi skrubbar rena
Utan att låta oss förstå det enkla
I att det tillsynes komplicerade
Vi är omgivna av i slutspelets
Enkla regler om att finnas till
Eller inte finnas med i laguppställningen
På flera veckor av slutspurternas
Svallande energiutvecklingar
Som om de varit dämda för länge
Och nu ska brisera i väldsamheter
Vi kan tycka förefaller överdrivna
Men, kanske försvarar sin plats
I denna slitna verklighets upptåg
På det enda sätt vi kan avgöra
Om vi vet vad vi ska syssla med
När vi rundar det sista hörnet
På Haga Nygata i den där nysnön

I de svaga nervändarna landskap
Vandrar vi ut och in i medvetandena
Vi har sorterat i storleksordning
Som om det skulle visa sig
Att det ens vore möjligt

Eller ens en sak man vill göra
På det där viset om man inte
Tvekar en enda sekund med
Att sluta vila på hanen
I alla de snedvridna kontraster
Vi delat med oss av
På det sättet vi aldrig ska erkänna
Att vi ens hållit oss på något allvar
Utan att det skulle tvingas
På oss i ett slags medlidandets böner
Om de sanktioner vi skulle
Återfå på ett slags allvar
Som om vi aldrig ska leta vidare

Vår hastighet genom livet
Förlamade oss på allvar den kvällen
 När vi aldrig kände igen oss
I vad som tycktes utspelas
Framför våra ögon
I detta slitna nu
I detta varsamma nu
Som vi förfäktade på ett slitet allvar
Vi aldrig ens gett upp
Om att ta sig till i litteraturen
På ett slags allvar vi letade
Vidare efter att hålla oss intill
I den dåligt doserade kurvan
Intill vårt vänstra öras bultande snäcka
Som om vi aldrig skulle kunna förstå
Oss på vad vi egentligen sysslade med
I dessa allvarligaste minuter av tidens
Sista krumbukter inför natten

Kanske vi förstått
Allt det vi undvikit
Under så många långa stunder
Av slentrian och svett
På det där beteendet vi aldrig
Skulle godkänna från ett husdjur
Me nu, nu passar det
Att lägga upp benen i soffan
Och kräkas i blomkrukorna
Utan att en enda grad
Av vända visas på endera sidan
Av den verklighet vi låtsas
Arrangera varje morgon
När vi stänger dörren bakom oss
I en slags protest mot att vi
Måste ge oss ut, på jakt
Efter pengar till mat och hyra
Som alla andra, minsann!

Vi kunde liksom inte smita
Inte denna gången heller
Så det enda som fanns att göra
Var att hålla låda så länge
Vi bara orkade
Som om det skulle göra
Någon skillnad överhuvudtaget
För oss i långa loppets
Smilande katarakter av tidsnöd
På den sida av verkligheten
Vi just då råkade befinna oss
Utan att inse hur det skulle kunna
Sluta med en allvarligare knorr
Än vi någonsin kunnat frukta
När vi letade oss fram i det urbana
Virrvarret vi stundtals kallade hem
Eller något liknande vi inte längre
Kan minnas att vi använt i förbigående

Nu fattar vi ju vad vi letar efter
Och det vi faller i trans över
Att hitta under jakten på resultat
Som kanske mer överraskar oss
Än som får oss på gott humör
Utan att vi ens reflekterar över
Vart detta egentligen bär åstad
Med våra emotioner i slitgörat
Under de vardagliga kalibreringarna
Av det vi brukar kalla 'vardagen'
Som dock har ett ett mer familjärt
Namn som vi brukar, nuet

Där är det inga kor på isen
Utan allt maler på med samma fart
Varenda dag, utan att vi någonsin
Kommer att kunna dämpa den där
Svindlande hastighetens spinnande

Skulle vi har gett efter
I alla de dunkla antagandena
Vi beskyllts för att oavbrutet göra
I den tid då den enkla och rappa
Självklarhetens, eller intighetens
Tycks vara på toppen av listan
Över insikterna det senaste decenniet
När vi oförtrutet finansierar
De influerare som menar
Att en vara är bättre för att de
Tvingar sig till att muttra något positivt
Om den på en video som flimrar
I den sista natten med elektricitet
Som om allt sedan slocknar
För evigt, eller ej, det är frågan
Men den finns inget svar på
Än så länge, kan vi anta
Eller åtminstone hoppas en stund

Vi ser kor på Sydpolen
Om det vi tror är dörrposten
Reglerar detta på vanligt sätt
Är det ingen fara
Men vi är int helt och hållet säkra
På vart vi är på väg
Vi skulle kunna kolla på kartan
Men det skiter vi i just nu
Som om vi ändå kommer
Att hamna fel på något sätt
Och inte få rätt att korrigera det

Då sliter vi ut oss i onödan
På det där ihärdiga sättet
Vi nästan är kända för
Åtminstone runt de närmaste
Kvarteren vi känner igen
Ännu en tid för vi hoppas

Vi vill gärna ha klart för oss
Vad det är vi håller på med
Så att vi inte överraskar oss själva
Under själva aktiviteten, så att säga
Om det mot all förmodan
Skulle kunna bli värre sedan
Än vad det förefaller vara just nu
När vi nästa dryper undan
Med kameran mellan benen
Och ganska så stukade egon
I den saltdoftande nattens
Svalkande efterdyningar
Vi plötsligt inser att vi känner igen
Utan att för den skull
Riktigt förstå dess betydelse
Men det bryr vi oss inte om
Vi slår oss ner i trädgården
Och väntar på värden
Och på världen, som det visar sig

Skulle det mest självklara
Bli en del av vår framtid
Skulle inte minst vi bli
Väldigt förvånade
Det är då ett som är bristfälligt säkert
Som en gäspning i kyrkan
Utan att för den skulle
Låta en enda antydan
Om slöhet och ointresse
Sippra fram mellan raderna
I detta famösa sällskap
När vi nästan är på väg
Att hålla oss undan med nästan
Manisk enveten vi aldrig tidigare
Har lyckats prestera i detta sammanhang
Som om vi aldrig mer vill
Återvända till medelmåttans gränder
Och spisa räggröten me nävarna
Eftersom det plötsligt blivit allvar

I allt vi sett och gjort
Skulle de mest enkla insikterna
Kännas som en vinst över det hela
Vi försökt undvika så länge
Att det aldrig skulle kunna
Förmå oss att uppleva mer
Än det vi redan har gjort

Då ska inte de där tankarna
På det förbjudna, jämt det tillåtna
Vara enklare att ta till sig
I dessa sista minuter av brädska
Innan alla motgångar eliminerats
På det sätt vi aldrig skulle förstå
Inte ens om vi ansträngde oss
Maximalt i de slitiga uppförsluten
Vi bävade nästan oavbrutet
Inför att behöva möta på nytt

Som vi faller entusiastiskt
Kan vi skeppa allt
Till en okänd adress på annan ort
Som om vi verkligen tappat
Koncentrationen i detta nu
Som sliter för att ändra riktning
På alla de tankar vi kan samla
I den inbjudande avsikten
Att hålla oss undan på allvar

Som om det saknades allvar
Det är inte riktigt problemet
För oss under rådande betingelser
Utan snarare en vanmaktens
Slutgiltiga blues för verkanseld
Utan att det ens fanns anledning
Att börja skjuta omkring sig
På Esperantoplatsens stenläggning

Utan att det ens länder
Oss till en tveksam heder
Utan mer till kritik och tandagnisslan
Som om vi helst av allt skulle undvika
De där åtgärderna i längden
Och agera med en mer inkännande
Och retorisk taktik för de boende
I detta nu, i detta nu, som briserar
Av sin egen inneboende nervighet
Där Vandalena återkommer till byn
På sitt oefterhärmliga sätt fyllt
Av anklagelser och tillvitanden
På ett helt makalöst sätt för den dagen

Utan att veta mer, utan att veta
Som om det skulle lända oss
Till någon slags heder att backa
Även när vi inte tar sats

Huttrande av den smygande fukten
Förefaller vi mer nödställda än
Vad vi rent objektivt kan sägas vara
Men, det ...
Det spelar ingen roll längre för oss
Vi ska märka alla ord vi kan åt detta håll
Så kommer vi tillbaka sedan
Och fortsätter med dem vi råkat
Missa under märkningens höjdpunkter

Så ...
Så, vi tar nya tag i motvalsen
Och snuddar vid fantasterierna
På det lilla torgets vindar
I en snarlik vals på sitt sätt
Utan att vi någonsin skulle kunna
Upprepa den i dagsljusets skärpa
Så, vi får ge oss till tåls

I allt det enkla vi förutsatt oss
Att nyttja som vår ledfyr
I den snabba nattens fyrar
Av mörker vi ska slita ner
I det pulserande havet på nytt
Utan att för den skull någonsin
Påpeka falsarierna i bokutlåningen
Utan mer koncentrera oss
På det vi borde undvika av omgivningens
Slitstarka argument om
Vad livet egentligen går ut på

Fast vi sedan länge vetat om
Att det inte är de argument
Vi kommer att rätta oss efter
Inte på långa vägar, det måste
Vi erkänna från start för att
Uppfylla sanningskvoten med råge

Kanske allt blir övermäktigt
Som svartnar det för ögonen
Vid bara tanken på förändring
I denna svarta tids enerverande
Och slitstarka idéer om avarter
Vi aldrig skulle kunna hålla oss med
I alla de gränder vi spankulerar
Långsamt framåt i
När denna natt lider mot ett slut
Som kan vara dess egen, men det
Behöver inte vara så
Det framgår med all önskvärd
Tydlighet hur det ska tas
Om vi inte vänjer oss av med
De där ovanorna att ta allt för givet
Som om det finns något självklart
En enda gång i livet
Som vi en gång fått för oss

Och i alla de tankar vi ska försöka
Att frammana i den slutna nattens
Följeslagares fotsteg med rågummisulor
Som dämpar plågan av gatstenen
En aning, utan att helt förinta den
Som om den ska finnas en smula kvar
Att använda imorgon och alla dagar
Efter den dagen som vi redan väntar på

Då blir det ändå en misär vi berättar om
Hur vi än vrider och vänder
På konstellationen under vägen mot natten
Som lika ihärdig som tidigare
Letar sig fram i alla springor och vrår
På det sättet vi trodde var bortglömt
Men ändå tycks vara gångbart
I vissa kretsar, dock inte i de kretsar
Vi rör oss i, det vore oss främmande

Minst sagt!

Under alla de gula korten
Gömmer sig de medfarna spelarna
På slutgiltigt manér i skuggorna
Som om de längtar efter ännu mer
Korrugerad plåt och gunnebostängsel
För att hålla kvar sin plats i kön
Som de inbillar sig ska leda vidare
I alla de snabba insatsernas final
På andra sidan av stängslets diplom
Och alla de snabba beslut det skulle
Innebära i alla våra oavsiktliga tankar
På den andra sidan av myntets yta

Där sitter vi i veckovis på parkbänkar
Och håller andan för att inte gå åt
I denna olustiga tid av vanmakt
På den sidan av verkligheten vi vant
Oss vid att betrakta som den normala
Som om det skulle fungera att identifiera
Något sådant ens med vilje

Vi känner de gamla sätten att eliminera
Alla missbruk vi kan förhålla oss till
Som om det slutgiltiga ännu inte
Uppfunnits under den tid vi varit med
I verksamheten, så att säga

Någonstans där borta lever tankarna
Så mycket friare än i vår källarlokal
Så, vi drar dit, för att finna oss själva

Men, det händer inte, vi är samma sorts
Medelmåttor som från början och inser
Att det kanske är den insikten som är
Det största problemet av alla i denna
Vanvettigt slutspelsaktiga tid omkring oss
Utan att vi kan lägga lök på laxen
Ännu en gång innan vi återvänder

Sanningen tillhör de som inte längre
Bryr sig om var den emanerar från
De som inte längre rustar
För debatt, utan mer antecknar resultaten
Av de forna insikternas aningslösheter
På ett sätt vi numer
Brukar undvika att applicera
På de meningsutbyten vi snöper
Genom att ange dem som "brutala"
I den snörräta linje
Av rätt rådighet vi så gärna
Vill låta påskina att vi styrs av
I denna skumma tid av oavslutade val
Av vilka resultat vi ska räkna
Som de slutgiltigt sanna
På det avstånd vi numera tvingas
Agera ifrån merparten av tiden

Sanningen ligger antagligen
Och vilar sig i någon undanskymd vrå
Av verklighetens skumma lyktsken
Dit v aldrig ska vinna tillgäng
Och det enkla ska låta oss förstå
Vad vi ger oss in i under nätterna
Som de svultna vargar vi innerst inne
Fortfarande tror oss vara
Utan de mest rudimentära behov
Av rekreation och vanliga raster
Från den verklighet omkring oss
Som tangerar vårt verkliga jag
Utan att en enda gäng låta oss förstå
Vilken kapacitet vi egentligen besitter

Där ligger vi i lä, inför oss själva,
Och utan den snabbhet det skulle kräva
Att bogsera oss tillbaka till ursprunget

I de obotliga tankemarkernas
Infernon av repetitioner
Av sedan länge motbevisade rön
Kommer de snabba infallen aldrig
Att förefalla det minsta pigga
Om vi inte löser dem från alla skulder
Så att de ryggar tillbaka inför
Det slutgiltiga vi ska hålla undan
Från att ta till oss i allvarets absolut
Sista skvallergränder som leder oss
Vilse på vägen mot Bytorgets
Enkla mekanismer av igenkänning

Där, om möjligt, borde vi vara hemma
Om vi ska kunna undvika oss i slutet
Av vår egen färdväg
På det där osäkra sättet vi aldrig
Mer ska lösa oss själva ifrån

Från en svullen dag
Av alla de uteslutna tankarnas brödraskap
Ska vår egen dårskap förnyas
Som de minst uppenbara insikterna
Ska ältas ner i det förflutnas
Fuktiga katakomber utan insikt
Och strategier för överlevnad
I allt det obotliga vi lever med
I de sjunkna skatternas medvetande
Om allt vi aldrig ska kunna inse

Inte ens en sluten luten sekund
Av det liv vi ska inhibera
Det slutliga verkställandet av
I förnimmelsen av de verktyg
Vi behöver för vårt värv
I denna obekanta natt

Kanske alla häligheter
I den mentala biten ska leda oss
Vidare in i sliten gårdag
På det sätt vi aldrig
Kunnat förutse
Då tankarna briserar ånyo
Ska vi leda oss bort i periferin
Av avståndets värden
Och leta oss vidare in i geografin
Där de slitna kontrasterna
Återförenas med sin klasskamrater
På ett nyare manér
Än vi tidigare känt oss manade
Att applicera på de där tankarna
Som om det aldrig ska vara för sent
Att leda allt i bevis på allvar
Utan subventioner av grävattnet

Av något vi aldrig riktigt
Fått kläm på under dagen
Kommer inte arr verka mer begripligt
Under den kommande natten
Förstår vi inte det är det dags
Att lätta ankar och flytta vidare
In i ett obekant mikrokosmos
Utan de snabbaste kusarna
I lådan så mycket längre

Där finns alla avarter
Vi skulle kunna föreställa oss
Men, vi gör inte det, utan väljer
Att hålla oss närmelsevis lugna
I allt det snabbtestade vi nu ska
Anlita alla styrkor för att bemästra
I motljus och kattsvart dimma
Under alla kommande dagar

Kanske vi ändå visste
Utfallet för vår tankemöda
Så att vi kunde kalkylera
Alla de frånfällen vi drabbade av
I alla de snabbt förmultnande
Insatsernas enahanda avsikter
På den del av planhalvan
Vi trodde att bara vi disponerade

I alla de där lägren vi besökte
Under vår rundresa i regnets land
Ville vi egentligen inte minnas
Något av allt detta som en snabb
Och korrigerande insikt
På baksidan av våra resehandlingar
När vi arkiverade dem
För skatteändamål och livsblues
Som om vi visste vad vi gjorde

Då vet vi redan alla svaren
Utan att ha tillgång till facit
Är inte det märkligt i dessa regnens
Tider på sidan av en av malmarna
Vid den breda älvens lopp
Under alla slitstarka insatser
Av, för oss, okända individer

Senare ska vi naturligtvis
Kunna inse vad detta handlar om
Som om det bär med sig
En betydelse som inte står klar
Från första stund av skeendet
Utan mer litar på diffusa tankar
Ur vårt gemensamma förflutna
Där inget är givet, inget taget
Utan släpar oss till offerplatsen
Hur mycket vi än stretar mot
Som om det inte längre skulle
Spela den allra minsta roll för oss

Med tiden kom vi att alltmer sällan
Att kasta en blick över axeln
För att se hur långt de andra
Hade lyckats ta sig längs stigen
Inte för att det egentligen spelade
Någon större roll i detta spel
Men, någon slags koll bör man ha
Så att man inte glider runt
Helt utan kontroll över livet
Nu kanske inte de hastiga blickarna
Riktade bakåt är det allra bästa
Hjälpmedlet för att hålla kollen

Vi slutade aldrig riktigt
Att observera vad de andra gjorde
Som om vi typ tävlade med dem
Utan att ens ha hört startpistolen
Långt mindre sett till de andra
I detta snarstuckna och envetet
Psykologiska bakåtsteg vi tog

Då snabbade vi upp oss
Försökte ta oss framåt med myrsteg
I den slutgiltiga spurten
Vi aldrig riktigt kunnat ta till oss
Utan mer betraktade som en variant
Av alla de där transportsträckorna
Vi ständigt tycktes befinna oss på
Utan att riktigt förstå hur det gått till
Men, det var bara att ta nya tag,
Spotta i nävarna och höja blicken
Så skulle väl denna månadshyra
Levereras, trots att det såg mörkt ut
När vi betraktade möjligheterna
Att välja mellan i slutspurtens
Oavsiktliga komik under utförandet
Där vi lärde oss att hålla undan
På ett riktigt karaktärsfast manér

Som om de gamla känslorna
Skulle återvända
Lika prompt som de nyss
Gett sig av i sökandet
Efter de korrekta satsdelarna
I vårt förlorade språk
Från det där andra landet
Vi hörde så många historier
Ifrån under våra spädaste år

Som om det skulle betyda
Att vi tvingades återvända
In i slutsatsernas ensidigheter
Utan den allra minsta empati
Eftersom det skulle kunna innebära
Att vi saktade ner vår fart
Och letade oss in i slutsatsen

Som om det skulle kunna spela
Någon större roll än tidigare
Utan att vi någonsin ville
Nå närmare de essentiella
Krafterna i samhällets korridorer
Utan att vi på något avgörande sätt
Skulle kunna hålla styrseln
Tillbaka under vår flykt
Mot det hägrande havets kuster

Utan enskilda önskemål från vår sida
Skulle det kunna brisera
I vår famn, så att säga
Utan att vi skulle kunna värja oss
Det bittersta i fortsättningen
Av denna avkomma från underjorden
Som vi umgåtts med så många år
Utan att ana det en enda sekund
Var på naivitetsskalan är det?

Visste vi aldrig riktigt noga
Hur livet skulle inbilla oss
Att vi aldrig skulle medge nederlag
Som om vi på sätt och vis hade
En slags tur med oss
När vi ville upprepa allt
Vi gett oss på att försöka lösa
Där, mitt i den villande staden,
Skulle vi utan tvivel
Vet det som vi kallade "det finstilta"
I vår snabbkokta version av dansen
Kring den stekta kalven
Utan att vi på något enda sätt
Hade möjligheter att bromsa
Oss själva till en mer acceptabel
Variant av hastighetens lillebror
Som om det på något enda sätt
Skulle kunna lösa vårt dilemma
Utan att vi blev inblandade

Om det nu skulle verka
Som om detta är något vi borde undvika
Kanske det är på tiden
Att vi gör något åt det hela
Annars kanske det tar en ände
Med förskräckelse, mints sagt,
Som om det vore något annat
Vi 'egentligen' är ute efter

Nu ska vi inte tala om
Det viktiga längre, utan mer
Om det som blir resultatet
När man inte håller kursen
Via de grynnor som redan är
Kända i våra liv sedan tidigare

Då blir allt så känslosamt
Och grymmare än någonsin
På det allvarlga sättet

Ville vi minnas i utförslöpan
Från Holmenkollen, som om vi
På något sätt samlat all den där
Energin bara för att ha den för
Detta specifika tillfälle
Utan att ens behöva tänka
På de återstående dagarnas effekt
På vår hälsas nivåer av vakenhet
Som om det vi undvikit
Så långt redan kan ta till oss
Det mer än enkla vi delat med oss av
Under färden uppför tidigare
Som om vi skulle kunna
Ersätta det förflutna med ett påtvingat
Nuläge, utan specifikationer
Vi var bekanta med sedan tidigare
Utan att det brister både här
Och var på det vanliga sättet
Där allvaret tar över lugnet

När vi greppade allt det gamla
I en sliten natts enformiga melodier
Skulle vi med ens återvända
In i den omstuvade lastens
Abstrakta spänningar mot skrovets
Misstänkt veka konstruktion
Utan att en enda gång leta efter
De specifikationer som använts
Utan att de egentligen blivit godkända
Varken nu eller tidigare
Som om det vore någon annans
Uppdrag att sköta den delen
Av denna förrättning om förmiddagarna
Utan att vi kunde återvända
Till vår brukliga kajplats
För en stilla kväll i stiltje
Både nu och sedan då

Nu är livets takter dysterhetens
Egna tungomål
På det där enerverande sättet
Vi aldrig riktigt kan lära oss
Att hantera utan att använda
De verktyg vi anser oss
Ha rätt till att bruka
Som om det till slut inte finns
Några riktigt slitstarka
Knep för att nå nästa dag
I parkeringen av alla själar
På det sätt vi snabbar undan på
I en snålbläst vi känner igen
Från barndomens regnväta asfalt
Under en strålande månes
Kyliga övervakning när tiden
Tycktes stå still

Som om det vi saknade
Egentligen inte förstod sig på oss
Utan hade fått fullkomligt
Fel uppfattning från första mötet

Det hade vi aningen svårt
Att hantera när vi drog vidare
Längs den slitna grusvägen
Mot skolan i en annan stadsdel
Där vi ständigt påmindes
Om de där osynliga strecken
Som skilde oss från varandra
Även när vi satt jämte varandra
Som om vi på något sätt hörde ihop
Det kunde vi inte riktigt hantera
Och egentligen var ingen riktigt
Förvånad över sakernas tillstånd
Det måste vi tillstå efter alla dessa år
Utan att det känns som ett nederlag

Kanske vi lever för gott
Och omger oss med gamla vanor
Utan de krav vi trodde skulle vara
För evigt i våra känslar
På den sidan av verkligheten
Vi gjort oss hemmastadda
På det där märkliga sättet
Vi tycks vara ensamma om
Så långt i livet vi kunde komma
Utan att lämna det vi hade bakom oss

Som m det var avgörande
För hur vi betedde oss i avgörande
Delar av livets olika skiften
Och oväntade krumbukter
På det sätt vi aldrig hållit oss
För fina för att använda som verktyg
Under alla dessa slitiga kvällars
Ensidigt enahanda återblickar

Då skulle vi inse, trodde vi,
Att det enkla var det svåra
Fast upphöjt några gånger
För att göra det mer intressant
Att genomföra i verkliga livet
Som om vi behövde öka på
De svårigheter vi tyckte oss
Uppleva fortlöpande över tid
I de slitna metaforernas
Romantiska landskap av toftigheter
Vi aldrig mer ska bruka
På det sätt vi trodde
Att det var viktigt att slutföra
Något på det sätt vi lärt oss
När det i själva verket
Handlade om helt andra
Incitament för att få oss ur länstolen
Och ut på vägen igen

Som om ingen av de ursprungliga
Kärlekarna är med oss i höst
Än är de inte döda
Men vad betyder de idag
Om det blir de enheterna
Som ska leda oss bort mot
Ljuset i tunneln
Som vi sökt efter i så många år

Utan karta eller kompass
Ska vi möjligen veta när vi
Går runt i cirkel
Eftersom vi känner igen
Vad vi ser i vartannat kvarter

Kommer vi någon vart
Eller är vi helt vilse
Och mer förvirrade än någonsin?

Speglar vi enbart vår egen torftiga
Personlighet i andras
Försök i samma genre
Eller befinner vi oss i centrum
Av skärselden när vi tror
Att vi lever efter eget skön
Som om vi någonsin haft
Något att välja mellan
När vi stapplat runt i rännstenen
Med näsan precis ovan
Den linje som avgör om
Vi slutar andas
Eller abrupt går till fäderna

Som om det förefaller absurt
Är det inte mer annorlunda
Än något vi tidigare upplevt
Eller?

Vi stannar liksom upp
Mitt i våra steg
För att se oss över axeln
Är det någon som skjuter på
Eller gör vi detta av egen kraft
Vilket skulle förväna oss
Storligen, måste vi erkänna

Utan att egentligen ha full koll
På vare sig riktning eller fart
Är detta en gåta
För oss, utan att vi kan inse det
Just nu

För just nu har redan passerat
Och befinner sig bakom oss
Långt tidigare i gränden
Vi lufsar fram genom

När jag inte längre
Känner mig speciell är det fara å färde
Det kan man lugnt påstå
På de slitna vandalernas
Egna torg i utkanten av verkligheten
Där vi bromsar oss själva
Utan att tro annat än att vi
Trycker hårt på gaspedalen
När vi i blindo rusar mot kajkanten
Utan att ens minnas att den
Ska finnas där längre fram
I vår ackumulerade verklighet
Där därpippin kvittrar i buren,
Vandalerna smörjer kråset
Och alla de slitna stövlarna
Från norr ska kastas ut
På den stensatta bakgården

Vi pokulerar mest om ditten
Ibland om datten, men mer sällan
Om dutten i skymningens blues
Där vi av slentrian möter oss själva
På det enda sätt vi vet hur
Och skapar avståndet
Till vår egen historia
På ett makabert sätt vi förvånas av
Att vi är kapabla till
Vi som trodde vi hade legat av oss
Men nu är det inte så stiligt längre
Vi håller undan i natten
Och briserar på ett vedervärdigt
Manér innan vi slutgiltigt
Håller oss undan från oss själva
Själv är bäste dräng och det inger oss
Ingen slags självinsikt, långt ifrån

När vi ser bakåt
På alla beslut vi tvingats göra
I denna oavbrutna resa genom diset
Mot en oviss klarhet
Kommer vi att dela med oss av
De där motsatserna vi mött

Speciellt från ett hörn
I artonde arrondismentet
Där allt tycktes fokuserat
På de vi trodde vi var,
De vi ville vara
Och de vi aldrig blev

Som om motståndet
Är en ringa del av livet
Och kvarstaden en del
Av vårt fädernes arv

Med någon slags förtröstan
Kan vi vara på väg att sluta
Leta efter nya adresser
Och sluta oss till
Vad vi helst av allt
Vill veta med det vi
Ska sätta igång med
I alla dessa slingrande korridorer
Av det smeksamma tvivel
Vi kan så inom oss själva

Som om
Som om vi skulle ta sats igen
Och leda oss bort från det
Där till synes enkla
Vi ska förstå oss på
Som om det fortfarande
Ska räknas som fullgott

När vi betraktas som ovidkommande
Förefaller våren sjunga
På sista versen i Panikens Sångbok
Som om allt det slitna
Skulle kunna generera
Mer än vad vi gett upp om
Att nå fram till
Som om slutsatserna ska pinas fram
Som om de ska forceras
Genom ett ogästvänligt landskap
Där acceptansen är obefintlig
Och markeringar om det
Så mycket mer tydliga
På grund av slitna metaforer
Och omedvetna syftningsfel
På vår sida av meddelandekedjan

Som om vi bryr oss

På vår absoluta
Sida i kampen om herraväldet
Borde vi hålla oss undan
Från allt det där
Vi tidigare ansåg viktigt
Och mer lita på vår förmåga
Att simulera aktivitet
I den bromsande skymningens
Omedelbara slutenhet

Som om det per definition
Skulle åsamka oss
Mer smärta än vi anser vara
Acceptabelt i denna slitna tid

På vår sida av världen
Utan alla de andra
Som vi förutsätter jagar oss ...

I vår absoluta avkrok
Av den erkända världen
Ska vi sätta oss ner
För att analysera de sista
Kvarvarande känslorna
I motsatspar som heter duga

Här görs ingen skillnad
Mellan högt och lågt
Vi delar in oss i avsikter
Så groteska att vi hisnar
Vid blotta tanken på att de
Skulle kunna manifesteras
I en snöd verklighets
Erbarmliga vägsystem
Vi aldrig riktigt litat på
Att det skulle kunna fungera

Nu tycker vi att våra
Omkostnader är väldigt låga
Vi kan inte riktigt förstå
Om det är ett räknefel
Eller om verkligen har lyckats
Hälla i pengarna det här
Sista decenniets alla myllrande
Månader av utgifter

Eller så har vi helt enkelt
Tappat kontrollen helt
Och hållet under dessa dagar av slitsamt
Bearbetande av slutsummans
Så kategoriska uttalanden
Och dom över vårt leverne
I alla vår undanflykters
Så upphettade skuggor

När vi aldrig riktigt säkert
Kan avgöra slitaget
På de snabbt förökande
Syndernas enahanda avsikter
Med ett allvar vi aldrig ska
Återvända till någonsin mer

Som om alla motstånd
I verkligheten är ryggdunk
Som vi tolkar alltför positivt
Så att vi får för oss
Att vi, i princip, är på rätt väg
I alla de snabbt döende
Visionernas ömkliga startsteg
I den svalnande kvällens
Sista påminnelse om utgifter
Vi lyckats förtränga

Nu sitter vi egentligen så fast
I alla de där kriteriernas armar
Att vi aldrig tycks ha en möjlighet
Att komma loss från belastningen
Av den korrumperade vänskapens
Innersta skogsväsen av folktro

Som om det spelar roll
Fast inte på riktigt
Enbart under spelets gäng
Som om vi aldrig ska återvända
Till Sandskogens skuggor
Eller det lilla fiket på Boul Mich
Vare sig vi vill det
Eller inte på ett slags självklart
Sätt vi känner oss glada över att
Ha lyckats prestera i detta bakvatten

Nu satt vi, tydligen,
Inte så hårt fast som vi befarat
Utan det mest löste sig
Till vår belåtenhet under
De krokiga gatlyktorna
Som minner om en hotande framtid
I den slitsamma verklighetens
Mest olönsamma avkrokar
Vi så sällan besöker
Att de förefaller vara avslutade
Redan innan vi börjar hantera dem
Som resten av våra minnen

Utan respekt och som om
Vi helt och hållet äger dem

Ville vi verkligen förstå
Vad vi siktade mot
För att bränna alla broar
Bakom våra livsverk
Som om sluttampen
Egentligen inte tar sats
För att låta oss leva ifred
Så passa länge att vi kan
Sortera alla förvirrande begrepp
Vi oavbrutet kapslas in i
På väg att lära oss de svåraste
Läxorna i mannaminne
Utan en enda anteckning
När allt lärs utantill
Med omedelbar effekt

På det sätt vi aldrig gett upp
Om att kunna utföra
Fackmannamässigt stolta
På den sidan av vardagen
Som ställer sig in
Och förefaller vilja ha något
Av oss, fast vi inte riktigt
Förstår vad som egentligen
Äger rum i just den stunden
Fast vi försöker ju oavbrutet
Men det är som om vi inte
Kan hålla oss på benen
Så länge som det tydligen
Krävs för att lösgöra oss
Från det förflutnas imitationer
Av den vikingatida tidräkning
Vi inbillar oss att vi förstår

Då vi letar oss vidare
In i hemligheternas center
Utan att veta vad vi numera
Inbillar oss att vi letar efter
Utan att vi ens småler åt
Oss själva i hissarnas brutala
Skrattspeglar och narrknappar
Där finns slitna handtag
Av livets förtretligheter
Som stöd i avancemanget
Mot de pretentiöst inredda
Takvåningar vi emellanåt
Har anledning att besöka
På det vis vi aldrig skulle förstå
Några veckor senare än nu
På exakt denna plats i världen
Som förtrollade individer, igen

Då sliter vi inkråmet
Ur livet för vinnings skull
Och lämnar arvslotterna
Fria att göra vad de vill
I denna robusta kväll
Helt utanför alla planer
På att försöka fortsätta
Det allvarliga i existens
Exotiskt tilltalande virrvarr
Som vi betraktar som en
Lite obegåvad lillebror
Som vi oavlåtligt måste hjälpa
På hans färd genom samtidighetens
Så slitna metaforer
Att hälften vore nog

Därute där skrifterna blommar
Är de slitna tankarna
Delar av något mer allvarligt
Och i tankarna
Ser livet på oss
I den helt askgrå natten
När vi är på väg att
Brista i sömmarna
På det kostnadseffektiva manér
Vi alltid haft för oss ska vara bra
Om vi då slutar
Kommer dimmorna åter
Över slätten vi tror vi lämnat
Med alla våra möjligheter
Att få rum i de egna själarna
Som om den sömnen
Är något att skriva hem om
Vi väntar en smula längre
Än vi anser livsnödvändigt

Kvinnan tar av åt sidan
Och skriker rakt ut
Hon ser sig om intramuskulärt
Utom sig själv
Med de spegelbilder
Vi fullkomligen skriker efter
Och som snart vill komma hem

Då skriker kvinnan
På ett annat sätt
– av förtvivlan
Från samma kvinna
I sin egen motsats

Där alla svaren
Är givna och alla frågor glömda
Så att allt det nuvarande
Är så galet snedfördelat
Att det inte hittar fram

Svaren är trogna
De frågor de ska
Ge svar på
Är allt detta
Bara ett tillfälle
För de tillförlitliga
frågeställningarna
Som det blir på farlig stråt
Med den enskildes talanger

Och en bleksiktig vaka
Som är hela livets
Egen åsiktskorridor

Hungersnöden i grannskapets
Tillståndslösa efterdyningar
Tills träden smälter av genans
Och delar med sig av den
Tills haverikommissionen
Åter sysslar med väsentligheterna
Den ursprungligen skapats för
Som om den ska dö efter
Den egna slaktbasens första steg
Mot det levande åter en gång

Vi tar oss an riskerna på sidan av livet
Som vi lever på den avtalade tiden
Och blir så absurt
Inblandade i allt det nyligen timade
Att vi varnar alla släktingar
På denna varma vägs slitna bana
Som om det skulle kunna göra ogjort
Med ett huvudkast i motvindens
Enerverande fotsteg mot horisontens
Slitna upptagenhet av linjer in absurdum
Tills vi sitter ner – igen

Alla drömmar om stranden,
Hjärtan som som brister av törst
Av ett, eller flera skäl, det händer
Inget om man inte tar tag i situationen
Och det är bristens väg vi vandrar
De smultronbeströdda stigarnas
Avarter av känslokaosets moderkaka
Som om slitet enbart handlar om försakelse

Där det flyktiga
– Det oavgjorda
Skulle leda oss vidare in i
Det slutgiltiga skeendet

Då återfinnas alla de exaktheter
Vi så länge tyckt oss ha avvarat
Utan en enda tillstymmelse till eftertanke
Under de vindpinade korridorerna
Av tidens gnagande divalater
Som möjligen betalar tillbaka alla skulder
Utan att vi behöver dem igen

Där allt utstående
Förvandlas till tillgodohavanden
Av alla våra uppenbara brister
Utan avsikter eller drömmar

Då har vi fortsatt vår väg
I den slitna kvällens timida allvar
Utan att en enda gång ha försakat
Vad vi ville undvika att ta med oss
I den slutgiltiga förvaringens sneda
Belastningar av psykets avigsidor

Vi delar tiden
Med andra än oss själva på avstånd
Som om det skulle uppröra oss
I smälekens tidevarv
Utan skuld eller bannor
Men, en tanke på det kommande
Inom det förflutna

Vi vet inte allt
Vi hade klemat bort oss
Vi trodde vi hade grepp om
Vad vi ville bli framöver
I den stilla enslighetens evigheter
Utan en enda sekund av obstinat tvekan

Men är detta det enkla
Vi en gång sade oss vara på jakt efter
I den stilla nattens
Erbarmliga oavsiktligheter
I den snabba förskingringen
Av all våra sinnesnärvaro
Vi skulle kunna återvinna

När vi är så outgrundliga vi bara kan
I motvindens slitstarka eoner
Av alla tankar som är motvalls
Och sliter ner vårt motstånd
Till ruiner av tårar och eländets
Enarmade banditer i kvällssolen

Då ska vi hålla oss undan allt
Om det bara inte vore så enerverande
Att aldrig nå fram genom bruset
Vi hållet oss undan för så länge
På det där sättet vi aldrig gett upp
Mer än vi haft anledning till
Att göra med den allvarligaste minen

Där är det verkligen en saga
Som kan brisera i våra ansikten
Utan att vi en enda gång förstår
Vad vi innerst inne håller på med

Som om det vore en gåta
Fast vi egentligen vet svaret både
På den och på andra vi ännu inte
Hört yttras någonstans omkring oss

Där är vi så förstörda av hatet
Som riktas över våra huvuden
Och de slitna metaforerna
Står som spön i den här backen

Och det blir
Ja, det blir på något sätt något annat
I motljuset från de slitna avståndens
Alldeles impertinenta tankegods i avvaktan
På den stilla friden vi alla längtar efter
I alla de betraktelser vi länge
Letat efter upprinnelsen till
I allt det vi ska mena att vi känner till
Utan att en enda gång
Ha gjort ut texterna på ett säkert sätt
Som om allt vi ville hantera
Inte längre är manövrerbart

Som om slitaget blivit föråldrat
Och inte längre ger några svar
På alla de där slitna frågornas
Envisa uppmaningar i gryningen

De smulor som singlar
Från de besuttnas bord
Landar långt ifrån den
Som behöver samla dem

De landar som en avig hand
I ondskans felvända hattar
När det ensammaste ljudet
Vi kan höra är våra egna namn

Så, vi tar det pö om pö
Eftersom vi litar på tiden
Även om den inte litar på oss
Utan lurar oss till slittester
Med jämna mellanrum
Som om vi aldrig mer skulle
Kunna komma hem igen

De skrymslen vi gömmer oss i
På livet avigsidors framsida
Leder oss till att döma ut
Och negligera våra misstag

Det borde synas på oss
I motljusets skarpa sken
Alla vidriga tankars mödrar
Vi landar på strandens kant

Där avigsidan möter livet
I förkrossande övermakt
Och aldrig mer ska återvända
Till de åkrar av lavendel
Vi alltid studera i solens sista strålar
De flesta dagarna i dalen

Där det enda är en slutgiltighet
Som ska delge oss brottsmisstankar
Vi inte ens visste om de fanns
Som avfällingar från grupper
Vars arbete vi inte deltagit i
Med möjligheter till nytolkning
Varenda minut vi står upprätt
Mitt i en hord av muller
Där vi till slut inser att mullret
Emanerar från våra egna tankar

Det förvånar oss inte det minsta
Eftersom vi länge misstänkt
Att något pågick bakom pannbenet
Men inte har kunnat sätta fingret
På vad det skulle kunna vara

Där solen är centrerad
När vi på unkna vatten
Förbundna och ensamma
Med svårigheternas schema
Visar våra anleten i gryningen
Utan att ha den blekaste aning
Om vilken av dagarna det är
Vi ska återvända till dunklets
Som mest avskyvärda insikter

Utan att en enda gång på allvar
Vända oss bort från ljuset
Och blicka vidare in i tomhetens
Slingrande katakomber
På det där vanvördiga sättet
Vi så gott som upphöjt
Till vår alldeles egna livstil

Utan att det kostar oss
Den allra minsta ansträngning

Visst, någonstans finns allt det där,
Som vi tror att vi letar efter
Med upprepade riktningar
Vi ska röra oss åt i snåren
Var de än skulle kunna finnas
Då sitter vi mer stilla än tidigare
I ett vi tycks ha valt åt oss
Som grädde på moset
Eller som nertagning i motljus

Vi vet vad allt handlar om, tror vi,
Allt är snart på det viset
Vi alltid har sprungit bort ifrån
Som om vi hade en möjlighet
Att slippa undan

Som om vi verkligen ville
Slippa undan allt det som gör
Att vi kan betraktas som mänskliga
I detta omedelbara nu

När de flygande tankarna
Är det sista vi förnimmer
Av den slitna tamburen
Är det vår tur att vinka farväl
Till de allra sista spåren
Av de undflyende tankemarorna
Där ute i det vänliga mörkrets sköten
Av delaktighetens paranoia

Som alltid briserar när vi minst
Av allt önskar att det ska hända
Som om vi aldrig riktigt kan förstå
Innebörden av de snabba sortierna
Från tankens allmänna kommunikationer
I den slitstarka avsikt vi aldrig
Ska dela med oss av i upploppets
Vedervärdiga mjölksyresjälar
I allt vad vi tar oss för
Som ersättning för verkligheten

Lagomheterna i mina tankar
Briserar i morgonens slitna ljus
Som smälta tennsoldaters själar
I en slags bister motljuskorona

Det avslagna i vankelmodet
Som blästrar mot solens bana
På alla de slitna varianterna
Av vinbärslögnernas attrapper

Slokande i motljuset
Från de mer erfarnas glödande
Blickar på ett nytt allvar
Vi aldrig tidigare insett
Att det skulle kunna komma
Vidare i vår avsiktslösa uppfart
Mot bakgrunden av allt vi undvikit
Att ta med oss
På den här allvarliga resan

Det allvarsamt slitna notståndet
En halv horisonts deltagande brus
I främlingens vandring i den slitna vardagens
Ouppnåeliga resultat av dystopi
Som för evigt ska vidhålla
Alla de lögner vi vill betrakta
Som den uppenbara sanningen
På det vis vi aldrig ska återfinna
Ens om vi letar tillräckligt länge
För att minska ångestens attrapper
På de öde torgen och i de fullsatta bussarnas
Oefterlikneliga snarstuckenhet
Som monument över oss själva
I denna så slitna tid av motsatser
På den sida av verkligheten
Vi aldrig mer ska återkomma till
Inte i detta nu och inte något nu
Som kommer efter
Inte på långa vägar

Konsten är en konkretiserad tanke
I en brutalt förödmjukat värld
Sliten, men aktivt lurpassande
I alla vårs själsliga skrymslen och vrår

Utan att vi egentligen kan göra
Så mycket för att ändra den
I våra snabba insatser med allvar
I dessa bråda sekunder av avlater
På vägen genom det brådskande
På ett sätt som förefaller långsamt

Utan att vi ens ser oss över
Axeln för att kolla läget
Vi håller på att dras in i
Med det stundens allvar
Som bara brådskan härskar
Över med allvarets ensidiga
Uppfattningar av medlidande

Då återfinnas alla de exaktheter
Vi så länge tyckt oss ha avvarat
Utan en enda tillstymmelse till eftertanke
Under de vindpinade korridorerna
Av tidens gnagande divalater
Som möjligen betalar tillbaka alla skulder
Utan att vi behöver dem igen

Där allt utstående
Förvandlas till tillgodohavanden
Av alla våra uppenbara brister
Utan avsikter eller drömmar

Då har vi fortsatt vår väg
I den slitna kvällens timida allvar
Utan att en enda gång ha försakat
Vad vi ville undvika att ta med oss
I den slutgiltiga förvaringens sneda
Belastningar av psykets avigsidor

Vi delar tiden
Med andra än oss själva på avstånd
Som om det skulle uppröra oss
I smälekens tidevarv
Utan skuld eller bannor
Men, en tanke på det kommande
Inom det förflutna

Vi vet inte allt
Vi hade klemat bort oss
Vi trodde vi hade grepp om
Vad vi ville bli framöver
I den stilla enslighetens evigheter
Utan en enda sekund av obstinat tvekan

Men är detta det enkla
Vi en gång sade oss vara på jakt efter
I den stilla nattens
Erbarmliga oavsiktligheter
I den snabba förskingringen
Av all våra sinnesnärvaro
Vi skulle kunna återvinna

Vinklar så förvrängda
Väntar fortfarande på uppskattning
I botten av själens
Så krampaktigt akrobatiska entréer
I nattens virvlande utopi
Där alla slutsatser inte hör hemma

På samma scen som de efterkommande
Slutsatserna vi ska hålla oss undan
För att inte längre kunna dela
Med oss av allt det vanliga vi undvikit
Lika många gånger som vi accepterat dem
Som normala uttryck för livet
Utan att en enda gång genomsökt
Alla deras möjligheter för att utröna
Vart de egentligen är på väg

Mycket senare virvlar tankarnas
Mångfalder i motsatsernas
Intrikata uppsåt och lekar
Som ville de beblanda sig
Med alla de andra existensernas
Hugskott och rotsalvor
Som briserar bättre än förut
Utan att vi en enda gång återvänder
Till platsen för vår uppväxt

Det skulle kunna innebära
Att en vanmakt spred sig genom
Alla våra kroppar med ett allvar
Vi aldrig skulle ge upp om att få
Tillbaka till ett slags viloläge
Utan att vi på något sätt menar
Att det är den absoluta sanningen

När det lilla stallet
Vandrar i sin egen mönja
Letar vi vid skogens gräns
Efter det vi kan skönja

När den lille vättens tankar
Är det enda vi förstår
Vandrar vi längre in i livet
Utan att lämna några spår

Kanske vi ändå vill mer
Med vad vi skulle yttra oss om
Som om det vore viktigt
För någon mer än oss själva

Vi letar i alla skuggorna
Efter det vi tappat bort
Vi letar i smakfull enkelhet
Vi letar efter bluesens sanna sort
Det är inte så enkelt
Att återvända ända hem
Men det är bättre än att
Ständigt fortsätta att leta

I alla de snöpligheter detta
Ska komma att handla om framöver
Fattar vi resolut att vi måste
Ta tag i våra obeslutsamheter
På nytt och förlägga dem
Till skogsbrynets första tuva

Där vi landar
Är där vi är säkra
Som om vi vet
Vad vi ska behöver

Vi betraktar vad vi behöver
När det ska handla om
Som om alla samlingar av tankar
Är det slutgiltiga
Vi ska drapera
Kring våra spensliga axlar

Med vad vi vet
I det vi har delat
Med oss av
Vi sätter uppror
På våra visitkort
Och delar dem
Till andra omkring oss

Där alla våra skavanker
Och de små frusna tankarna
Brinner i lanternor
Bränner sig under livet
Och allt vi beslutade
Att vi aldrig skulle bli
Är just den gjutform vi använde
För allt detta envetna arbete
Vi helst av allt ville slippa
Om vi fick välja vill säga

Annars ville vi bara sjunka
Genom golvet och aldrig återvänd
Till denna återvändsgränd
Med nya uppgifter att genomföra
Tycktes det oss

För att det är vinster
Och de som erfar detta
Brinner sig i livets kortände
På det att vi på tid
Ska hålla allt i korta tömmar

Då ska allt vila sig
självförklarande
Och vi tar alla delar
Som vi fortfarande
Inte fattar något av

Vi kanske inte heller
Kommer att bli klokare
På den punkten
I alla fall inte i närtid

På alla de manér
Då allt det du önskar
Följer under vägens
Korta kommandon av leda
Med en av dina vänner

Om vi landar
Aldrig mer i slutet
Av den långa vägen
När vi nästan aldrig
Sitter ner i båten

Så lugna vi nu kan bli
I alla de stormar
Som pågår samtidigt
Inom och utom oss

Livets vildmarker svinner
Sitt eget behov av ömhet
Alla de vandringar av avslut
Som vi ska hålla på med i natten

Då blir vi enklare
Att komma till tals med
De grepp av slutgiltighet
Vi ska undvara i stormens öga

Som om vi verkligen vet
Hur vi ska bete oss under stormen
Utan att leta efter manualen
En enda gång till
När det verkar överflödigt

I allt detta ska ligga
Att de skäl vi uppgraderar
Som ska upp på dem
Och det vi nu
Betraktar som mallen för våra liv
I en portkod
Som är den slutgiltiga lösningen
Av alla de äkta delar
Som ska granskas på
Våra egna farhågor

Då vi hade grepp
Då var vi anhållna
Av livet
Där trädens grenar
Böjer sig mot mossan
Där är vi inte
Uteslutande glada
I vindarnas ekon

På det sättet blir vi
Enklare att nå
Och det kan alltid
Vara den sista handgjorda
Vännens första replik
I det flödande regnets
Oavvisliga insikter
Om vår räliga framtids
Enarmade målformuleringar
Som om det skulle kunna
Bidra till vår kunskap
På ett enklare sätt

Kala, dystra grenar är de
Exakta böjningsmönstren
Vi dras in i tankekrossen
På fullaste allvar

Vi drar åt så olika håll
På den vandringen i
Sökningar på okända begrepp
Ingen vill längre tänka
På något som inte
Befinner sig i nuet

Där vi inte tillbringar all tid
Vi har till förfogande
Det är vi säkra på
I alla insinuanta kommentarer
Vi låter undslippa oss
På det enkla manér vi har för vana

Tankarna brusar lätt
En annan tid
I förskingringens katakomber
Och vi studsar inför tanken
På en sådan förändring
För att inte säga fördelning
Vart det nu skulle kunna leda till
För alla de misstag vi hanterat illa
Där drömmarna skiftar fokus
På det där evinnerligt tröttande
Sättet vi aldrig kunnat förlika oss med

Utan att ta till orda i tid och otid
Som om vi anser oss ha rätten
Att oavbrutet tala inför grupp
Som om vi slutar existera
När våra stämmor tystnar

Kanske är vi själar
Som lever av missnöje
Vilket känns bedrövligt negativt
Men tycks vara en realitet
Där vi ligger illa till i marginalen
Av vår slitna existens

Då klarar vi allt det
Vi förstår på verkligt allvar
Då slarvar vi aldrig bort
Det som vi uppfinner i stunden
Vi ser det tydligare än förut

Som om tydligheten är ett bevis
På att vi förstått hur verkligheten
Är konstruerad under alla
Våra intensiva tänkarnätter

Kanske vi tvekar
Om att ge oss på att leva
På det sättet vi förstår
Som om vi fattar i en sak
Som om det är vår uppgift
Att avgöra om vi har rätt eller fel
Om vi ska sprida våra vingar
Om våra tankar ska bli reella
Eller avgöra om de fattas oss
Som tankeimitationer i grått
Försålda till lägsta pris
I en förortsbutiks realisation

Där tycks vi förråda oss själva
Till priset av en påse bullar
Vi inte kunde motstå
I alla scener av utmaningar
Vi skulle kunna återta

När vi vegeterar i skuggans land
Och sätter av i vanvettig galopp
Mot den del av livet som förstör
Alla uppbyggda relationer och rutiner
I det himmelsblå vi kalkerat
På föregående generationers liv
Som om vi kunde ta en genväg
Och det kunde vi inte, eller?

Svaret på frågan är alltid relativt
Mycket svårare att klämma fram
Som om vi aldrig skulle kunna
Håla tand för tunga i snålblåsten
På det grå förortstorgets spelyta
Av ständigt skiftande karaktär
I landets snålaste periferier
Vi någonsin ska kunna omfatta
På ett spontant och insiktsfullt sätt

Kanske vi stannar av
Alldeles för mycket
För att vi ska förmå
Oss att rannsaka
Våra minnen till grunden
Och bli varse …

I denna dag
Eller någon annan
Där är gryningen igen
Som om den slagit följe
Med oss längs den här vägen
Utan att reflektera
Över vad vi ska göra
När vi når fram till
Vägens slut efter alla dessa steg
Av enveten beslutsamhet

Nu var alla tankar levande
Och allt det gamla glöms
Då sätter vi oss bekvämt
Tillrätta och njuter allvarligt
Av allt det vi försakat

Som om det skulle dröja
Mycket längre än tidigare
För att vi skulle kunna
Återta alla våra landmärken
Ur det förflutnas avarter
Där slutsatserna alltid
Slutar på samma tangent
I det oavbrutna flödet
Av sinnrika undanflykter
Längs de stråk vi rör oss
Utan en enda mottagen gåva

Detta är alla de enkla
Frågor och vi vänjer oss
Själva i vår utveckling
Det är alla våra delar vi
Kan förstå vad vi håller
På med
Då ser vi alla som en sak
Som är det vi väntar oss

Långt där inne i de slutna rummen
Vi alltid försökt att undvika
På det sätt vi ska avsluta oss
Och de snabba resultaten
I allt det oantastliga levernet
Vi aldrig ska ge oss in i
Utan att hålla undan på allvar

Kanske det vi förväntar oss
Möjligtvis vad vi ser
När allt det andra
Och det vänder sig
På det enkla livet

På vad vi delar ut
Om på det limpfärgade
Livets egna katakomber
När ögonen åter är kallare
Än de snabba stegen bredvid
Våra egna i loppet mot
Den där hägrande horisonten
Så långt borta vi aldrig gett upp
Om att hålla oss undan från
Under de senaset månaderna

Drivveden av kantrade tankar
Är allt vi delar med de andra
Av deras andars barn
Och det slaka livets infarter

På var sida av denna öken
Är livet så enkelt
– det är grannarnas fel
På andra sidan gränsen
Som är ett problem

Utan alla de där tvivlen
Som ska hållas undan
Med det allvar som ska liknas
Vid vårt egna i slutspurten

Inför de söndertrasade gatlyktornas
Energiskt uppenbara avsikter
I denna slitna natt
Vi ska ut på älven igen

De andras drivved är lyktgubbar
För alla oss anhöriga
Kanske blir det sent
I en avskummad vindskammare
På vägen mot den stora staden
Längs farleden mot Europa
Där vi grönskar på allvar
Som livets inkubator
I den sena nattens efterdyningar

Där alla våra insatser bleknar
I den vanvördiga beskrivningen
Av allt det vi ska hålla undan
Ifrån på vår sida av gränsmarkeringarna
Vi slutgiltigt ska nöja oss med
Som om vi har något val
I allt det vindspridda material
Vi ska samla in i våra herbarier
Under de slitna kvällarnas
Envetna rytmer under stjärnorna

Vi tänker oss mer
I en grotta av enfald
Så att det vi vill
Är samma som vi saknar

Vi snokar länge vägen
Mellan oss och dem
Ser att det finns
En skillnad i allt detta
Som vi aldrig får mindre av

Utan snarare ser förökningen av
I alla ögonmått vi anlitar
I denna mätning
Av dumhetens tecken

Som om inte måtten
Riktigt räcker till i denna
Så outhärdliga plikt
Mot vetenskapen

Kanske vi lastar ner oss
Med greppen från ifjol

För annars ...

Kanske vi är redo där
Så ute att vi fattar att det
Skadar oss
Så ute i kållandet
Att vi inte riktigt kan fatta
Vad detta nu ska handla om

I tumgreppet
En aning av motsatsens
Ohotade logik
Som om det vi länder oss
Till heder i motgångens
Enahanda insatser
I det slutgiltiga
Svaret på alla frågor

På alla sätt som vi
Värnar vår kompetens
– Vi kan låta bli
Att låtsas om den
Vi kan utmana den
Med så många ord
Att de vill mer
Av verbal åverkan

Som tycks tära hårdare
På oss i motsatsernas
Allvarligare nötning
På våra nervsystem,
Fyllda av en vånda
Som är svår att likna
Vid något som helst
Annat i en slags motsats
Vi försöker inkludera
Men, tvingas lämna
I flodmynningen
Medan vi paddlar inåt landet

Alla de konstigheter
Vi finner oss prata om
Så ofta att vi aldrig
Mer kommer att sakna
Dessa samtal i nattens
Enskilda skrymslen

Så, de kortfattat
Insiktsfulla angreppen
På den allvarliga sidan
Av verkligheten brutaliserar
Med framgång sig själv
Som om det enbart är
Denna variant som räknas
I det ekonomiska spelet
Om själarnas enahanda
Insatser utan att leta vidare
På alla de snabba insatser
Det ska inverka i långa loppet
Som om vi aldrig ska ingripa
En enda gång mot oss själva

Vi tänker oss redan
Att vi bor i en grotta av enfald
Så att vad vi vill
Är att vi landar mjukt

Om vi följer längre
In i stadsdjungelns brus
Ser vi att det finns
Skillnader i allt detta
Som om vi aldrig
Blir människor mer

Eller ens vill bli det
Utan hellre stannar på savannen
Av likgiltigheternas egna epos
Som om vi aldrig ska hålla undan
Längre än vi haft för avsikt

Kanske vi fastnade
I en grop vi aldrig
Kan ta oss upp ur

Kanske vi redan där
Ute och vi förstår inte
Att det skadar oss ...

Som om vi vet
Vad vi bör göra
Men håller oss
För goda för
Att gå i tömmar
Som någon annan
Kontrollerar
Så vi undviker allt
Punkt

Skurar stora livet utan vatten
Och letar efter någon som är sig lik
Skurar hårt i den svartnande natten
Försöker förstå vad som är panik

Det är nog samma gamla fälla
Som du försökte fly från inatt
Parken dör själv i alla parker
Den dikten där ibland natten
Och de slitna stigarna blir vatten
Som om de återgår till tidigare
Former i sina långa livscykler
Där allt det slitna tillhör
Det alltmer förflutnas drömmar
I den del av verkligheten
Vi på allvar ska ta itu med
Framöver färdens felnavigeringar
Utan att en enda gång slita
Maten ur munnen på husdjuren
I vår frånvaro

Slå dig ner i nattens sköte
Bland mossan och all ljung
All tid brister av sin egen gråt
Samtidigt som vi är nära att gå åt
Men, kanske int så nära
Att vi bestämmer oss för att
Göra något åt det hela
På ett mer planerat sätt

Kanske senare,
När vi lärt oss att studera livet
För vad det är – en ändlös rad
Av händelser vi aldrig ska minnas
Att ta med oss längre bort
Som om det aldrig letar sig åter
Till ursprungets enväldiga
Uppfattningar om avståndens
Brutalt magiska envälde
I denna världen, och nästa

Kanske vi kan fatta
Vad vi ska göra
Vad vi har hållit oss
Eftertänksamt till
Och i allt väsentligt vi letat efter

I vår pakt med tiden
I en alldaglig världs av drömmar
För vi oss så behagfullt vi kan
På tvärs med oss själva

Utan de där upploppen
Längs de umbramålade
Panelväggarnas långa korridorer
I alla de motsatser det nu ska
Kunna åläggas oss att förstå
På det allvar vi aldrig mer
Ens ska snegla efter
Som om vi förskjutit
Den delan av våra hittillsvarande liv

Vi värnar oss själva
I en av de oavslutade motsatserna
Vi ständigt jagar efter i gryningarna
För alla de uppdrag vi
Atrofierar som en slags själ
Där du är bollplanket
Jag hittat på i gråa gryningen
Som om jag behöver dig
Som om jag avstår från mig
Jag undrar över mina tankar
Vad de håller på med
Om de är igång

Man kan aldrig vara säker
På hur sådant fungerar
Inte för att vi vill strö ytterligare
Salt i såret och förvända
Blickarna på alla i publiken
Vill vi ändå hålla undan
Från mainstream-farten

Kanske tanken är tom
Som om det av de gamla
Föreställningarna om
Att allt ska hända nu
Som om den inre rymden
Av vad vi ska hålla
Oss för väl med

Som om det vi längtar efter
Kanske är något vi redan har
Som om vi inte kan urskilja
Vår situation tillräckligt klart
I alla dessa skimrande timmar
Av det brutala kaos av information
Som briserar mot våra huvuden
Utan att vi en enda gång
Låter oss urskilja det viktigaste
I denna bröt av fakta, lögner och dikter
På det oavvisligt nesliga sätt
Vi lärt oss att hantera världen

Som om tankarna
Till slut blivit lösgjorda
Lösfattade och lösspända
Och allt vi kände
När vi förstod oss själva
På avstånd och lite från ovan
Som om det nu inte
Spelade någon roll

Det är möjligt att det inte
Längre gör det heller
Svårigheterna att avgöra
Validiteten hos alla bekymmer
Ska brutalisera våra tankar
Under allt längre perioder
Av den tommaste intighet
Vi någonsin trodde oss
Kunna möta längs vägen
Mot den insmickrande
Soluppgångens filigran

Då, först då, tar vi oss på allvar
På det enkla sättet
Vi alltid varit sådana
Horribla förespråkare för
På lätta fjät i skuggorna
Med allvarligt skryt och skräpp
Att det knallar på i grötlunken
Som handlar om vad vi ska göra
För att nå ett avslut

Som om närheten till avgrunden
Komprimeras för varje dag
Som vi tvingas att hålla oss undan
Från den tyckmyckna verklighet
Vi aldrig tidigare reflekterat över
Som om den inte ens kan
Låta oss tyda våra egna liv
Ifred, utan ska in och rumstera
För att "hjälpa till"

Där borta, i den slutna
Lövlunden, är vi utsatta för
Lurviga tankar i motljus
För att kunna fatta vad vi ska finna
Vad vi ska kunna hinna
När vi ska lämna
Och in i värsta myrmarkens moras
Själva, som förintande själar
I en avtagande melodi

Kanske vi till och med kommer
Vidare in i de centrala delarna
Av det vi brukar kalla livet
Utan att vara överambitiösa
Och slira på tangenterna
Så kommer vi aldrig att
Ta en enda genväg för att leda
Oss in på mer lukrativa
Stigar upp mot Bybergets topp

När allt vi tycker oss behöva
På alla håll och kanter
Och de slitna efterapningarna
Vi ska komma att hantera
När vår värld havererar
På alla de ängar vi aldrig
Beslutat oss för att lämna
När inspelningsutrustningen
Försvinner i ett slukhål
Av framtida drömmar om
De påfrestningar som vankas

Då är vi sedan länge i ett annat
Härad utan begränsningar och regler
Utan att förstå vad som hänt
Som om nu det skulle bli
Ett större problem än vi kunnat ana
Redan tidigare
Men nu absolut inte kan hantera
Så mycket bättre bara för att
Tiden har flutit under broarna

Kanske påverkan
Är en laga åverkan
På en själv – särskilt
Utan öppna kort
Då slår staden rot
I vårt så spröda liv
När vi sätter oss ned
För att låta oss ta del
Av allt vad vi ville
Innan vi blev tillsagda
Att detta med en doft
Av vad vi förstår är en risk
Så vi fattar den egenheten
Som en del av vad
Vi ska tvingas göra
Långt senare när tiden
Förvandlats till något
Vi inte längre riktigt
Kan hantera som vi vant oss
Att göra under alla eoner
Vi levt genom tidigare

Där är dialysen en näbb
Som sakta glappar
Och faktiskt tycks begripa
Att allting har ett slut
Utan att vi märker det

Inte på något särskilt sätt
I alla fall inte just nu
När det som mest skulle
Ha behövts en rejäl uppryckning
Under alla de snabba
Insikter vi delat med oss
Av i allt det snabbtänkta
Vi skulle kunna återknyta
Till i en snabb loop
Framåt i tidens dränkta
Riktningar i snabbare omlopp
Än så brutalt långt tidigare
I den snabba förvandlingen
Vi aldrig ska hantera väl

När ditt uppnådda tempo
Och de som fattar vad vi vill
Gör gemensam sak med livet
Om att återgå mot verkligheten
Som ett hanterligt grepp
I den slappa flykten
Över en bullrande ängsmark
I slutet av åsiktskorridoren

Långt där borta i en fjärran galax
Som vi kan återskapa
Som en del av slutet
På den nyss startade historien
Utan att titta bakåt
Den enda sekund som krävs
För att greppa totaliteten
I den snabbväxande psyket
Vi fastnat i sedan årtionden
På det mest allvarliga sättet
Vi skulle kunna överbevisa oss om

Även när vi till synes inte
Är de allra skarpaste
Eller de mot vilka vi strider
Som är vi själva, hur underligt
Det är kan förefalla
Då är vi på väg att leta
Oss bort i nattens smygande
Tankar utan begränsningar
När badvattnet flyter stilla
Som den mörkaste skogstjärn
I denna oavslutade natt
Frånsprungen av tiden
Där vi aldrig skulle förneka
Oss själva med riktigt allvar

Utan skärpan kommer vi
Aldrig att åderlåta de återstående
Delarna av det vi delat med oss
Av på ett nytt allvar
Vi aldrig kunnat förutse

Kladdar allt som en vinter
Stenhugger isens frossa i natten
Som en sliten anförvant
I dessa onda tiders mörker

Kanske alla ooverlagda
Blir de där snårigt svåra
Människorna vi delat med
Oss av i snålblåstens
Så enerverande uppdrag

I de enerverande kurvorna
Vi skulle hålla oss undan
Som odelade intressen
Av det slitna vi uppenbarat
Som delar av motgångens
Slitna pedalers sista nötning
Där ute på mossen i den
Knottbemängda kvällens sista
Smekande locktoners – igen

Då de kunde dela oss
Så vi blir ställda emot
Varandra i konstruerade
Konflikters enahanda uppdrag

På den sidan av verklighetens
Slitna förkläde på den stensatta
Innergårdens smultrondoftande
Skratt från första våningen
När vi vänder oss om av misstag
För att fånga de sista glimtarna
På det där rutinerade sättet
Vi tror att vi besitter numera

Då de från insidan längtar
Bort från alla steg som tas i armod
Som om vi visste alla tankar
Som skulle dyka upp i natten
Utan att vi var deras uppenbara
Upphovspersoners dilemman

Kunde vi brinna i längtan
Som de små åthutade människor
Där vi så länge vandrat vilse
I delarna av från eller till
När du sätter dig ner så stilla

Då lever de som fattas
Och inte vet vad de själva
Är på jakt efter i dunklet
Mellan tankarna och uttrycken
Som vore vi en del av något mindre
Utan att vi ens klarat av det första
Provet i en rad av ansträngningar
Vi aldrig ska komma tillbaka till

Kanske, eller kanske inte,
Med någon slags säkerhet
Vi inte kan definiera längre
Inte nu och inte sedan
Som om vi någonsin kunnat

Kanske vi låter oss bedömas
Av alldeles fel instanser
Som om det vore vårt fel
Att resultaten blir de aktuella

När vi aldrig ens tvingat oss
Att vara vänliga i motvind
Som om det kostar på
Mer än vi önskar oss

Du är så slutgiltigt envis
Att hälften vore alldeles nog
I motståndets enerverande
Åsikter om minsta detalj

När vi slutar reflektera
Har mossan börjat växa över oss
På ett mycket förnedrande
Och slutgiltigt sätt
Som om vi inte skulle klara oss

Ett och två är tre
Tre och två är fem
Sitter här på svansen
Utan att hitta hem

Två och två är fyra
Och ett och tre likaså
Men i solnedgången
Är ett plus ett alltid två

Fem och sex är elva
Och inget mer än så
Det kan vi fatta själva
När vi lägger ihop två och två

Två och tre är fem
Sex och ett är sju
Vad är det med alla dem
Som väntar på bussen nu?

Tre plus fem är åtta
Och två plus ett är tre
Hur kommer vi vidare
Utan att skada ett knä?

Vandrar vi i den ensliga
Månens brutala sken
Virvlar tankarna fria
Från mina trötta ben

Jag vankar, jag väntar
På dig och dina fina blickar
Jag längtar, jag längtar
Efter att vandra vidare nu

Kanske involverad i blicken
Du hystade till mig nu
Som om livet är en parentes
I det stora kretsloppet
Utan att vi riktigt rår på
Att kunna förstå det minsta
I alla de snabba resultat
Vi hållit oss undan
På vägen mot ljuset
I den där omskrivna tunneln

Vet vi villkoren för vår tid
Om vi har framfarten
Som enda villkor för mätning
Av det absoluta duggregnet
Av smälekar i motvindens famn
Innefattade som om vi skulle leta
På andra ställen än majoriteten
Och kan fråga oss under loppet
Vad vi inte vill veta mer om

I de slitna uppförsbackarna
Ska vi minnas våra snedsteg
Som de enda resultaten
Av vår idoga färd mot skogens
Enklaste sysselsättningar
Vi skulle ha delat med oss av

Då tar vi sikte på Allén
Eftersom vi vet att där ligger
Den byggnad där vi tycks bo
Utan riktig anledning
Bortsett från behovet
Och slumpens outgrundliga vägar
Längs de stigar vi rör oss
Utan att ens veta riktning
Eller vårt eget uppsåt

Som i en kultförklarad
Avsikt av de slitna vandalernas
Egensinniga eskapader
Kanske för alltid
Kanske förgäves
Kanske av själslig utarmning
Kanske för livet

Kanske allt är så slutkört
När vi förstår utan gnäll
Vad exakt ska det betyda
Att vi tycks vara på väg
I en tunnel av trädstammar
På väg, tycks det, genom allt

Genom allt, som om det bara finns
En metod att lösa motsatsernas
Envisa rykten om motsatserna
På den sida av livet som slutredovisas
Mot bakgrund av reveterade hus
Längs en brygga i en hamnstad
Som om slitet aldrig skulle
Ta sin början innan det vore för sent

Som om allt gick ut på att undvika
De svåraste insatserna i livet
På det vis vi visste minst om

Då är vi på väg
Då är vi en del av vägen
Och våra riktiga jag
Och vad vi letar efter
Är enbart en skriven rad
I våra kalendrar
Som om den raden är vad
Som driver oss framåt i nattens
Passage av denna allé

På det sätt vi aldrig
Fått för oss att veta mer om
Utan att vi kan dela med oss
Av alla frånvarande gåvor
I denna dag på slutsatsernas
Egen piedestal av tegelhögarna
Som kvarstår efter alla rivningarna
Av de forna arbetarbostäderna
I vår absoluta närhet

Talar vi med silvertungor
Och tänker med hjärnor av sten
När vi promenerar genom tiden
I den där allén i ett land
Från så länge sedan
Att det kanske aldrig funnits
Anledningar att ta upp det igen
På det där sättet vi fortfarande
Letar efter det optimala viset
Att leta oss in i barmarkens
Förlovade land av mentala trampminor
Utan minsta chans till rehabilitering
Av något enda av alla de tester
Vi skulle kunna förstå oss på

Som om det spelar en stor roll
Under det fortsatte kriget
Mellan kropp och hjärna
I slutsatsernas evigheter

Kanske vi är allt
Ett resultat av
Helgjuten misär
Och peace, love
And understanding

Du vet?

Eller, så vet du inte
Och det kan leda fel
På så många sätt
I denna slitna tid
Av krossade gatlyktor
Och enahanda rubriker
I den slutna kretsen
Av de vi kallar 'vänner'
Som om vi behöver skilja
Dem från alla andra

Vikten av denna gest …

Lekte att de enkla
Lekte alla de svårigheter
Som allt är på väg
För att vi ska fatta
Vad vi håller på med

Allt är gott och väl
Att vi som även leder fram
– Långsamt som i en dröm –
Är vi på väg eller
Är vi redan framme?
Vi blir inte säkra
På långa tider än

På den sida av merparten
Av de långa tiderna
Vi brukar förlikas med
Under söndertrasade
Gardiner och rabatter av fänkål
Som om inget är sig likt

Längre …

Då allt vi vet
Om oss själva
Är att vi förstår
Och ska fortsätta så

Fast allt är visst
Utan att tanken segar
Då var vi enkla
Och saknade av allt

Kanske det vill sig
Mirakelmässigt är
Vad vi är vana att höra
Vad som ska hända
Motvilligheten briserar
I den slutna nattens famn
Alltid enklare som vi tagit
Ifrån oss själva

Från den aviga sidan
Av vår likformiga vardag
I motljuset

Om vi inte vet svaret
Är frågan inte nästa vind
De obotliga frågorna
Blir sina svars fångar
På allt och sedan för alltid
Då lever vi på ett sätt
En vanartig och orkeslös
Stiltje i den stora stormen
När vi menar att vi behöver
Dessa sjuka enheters stöd

Åtminstone inte i den struktur
Vi just nu lever av att leva i
Där allt är såväl upp som ner
På en och samma gång
Utan att vi har koden
Som justerar allt till vår belåtenhet
Om det nu finns en sådan

Som när vi delar med oss
Av alla våra indicier
Och allt vi faller bort ifrån
Eller den del av något annat
Som styr oss vidare i detta
Så obetalbara serum av lögner
Och asomatiska slentrianer
Utan egen förskyllan i motvind

Alla avvikelser ska genast
Rapporteras till högkvarteret
För att hanteras enligt reglementet
Med avsikten att allt ska bli korrekt
Eller så nåra som det bara är möjligt

Utan att behöva alltför
Många väktare i verksamheten
Åtminstone inte i början

Utan riktigt bli något
På sätt och vis
De standarder vi förföljs av
Att bli och vara

Vi förstår allt vi förmår
Som om det är lika klart
Att arbetsstycket
På ett utlämnande sätt

Långt ifrån vårt inbundna jag
Från de snabbt uppblossande
Insikter vi håller oss undan
På det vis vi aldrig skulle
Kunna delta i på senare år

Även om vi ville

Då är allt för egendomligt
För oss i allvarsstunderna
Och så obetydliga
Att vi aldrig förstår
Vad det skulle kunna
Leda till

Vi häpnar
Rysande

Vrider vi också handtaget
Landar i de banor
Som förefaller så skrämmande
Att vi inte tar fler steg
Tillbaka för att avgöra
Hur allt det här
Ska hänga samman

Som om det är viktigast
Att ha något slags sammanhang
Ute på de ödsliga betonghedarna
I vår allra som mest
Oavslutade mening om vår vardag
I slutet på varje veckolång
Explosion av aktivitet
Som vi säljer för pengar
Vi säljer vårt liv på rot
Till högstbjudande för att överleva

När dagen inte är arbete
Delar den med sig av ljuset
Så att det så få personer
I en slags obefolkad värld
Vi ska hålla oss till framöver
Inom de höga vallarna
Av förmaningar från samhällets
Funktionärer på gator och torg
Som om vi aldrig skulle komma på
Tanken själva att uppföra oss väl
I all den välmening
Det nu skulle kunna innebära

Inte för att det är arbetet
Eller den nedlagda tiden
Som sliter på oss i det monotona
Utan kanske mer en tanke
På att övervinna tankegravitationen

När vi sinkas av vårt enkla arbete
Drar vi framåt i sakta mak
Då allt det innebär få personer
Ostraffade i motljusets fokus
Inte ens du förstår
Innebörden i våra uttalanden

Som om vi lägger till ett lager
Av information som ingen begriper
Inte ens vi själva
Så det blir något köttigt
Att bita i i skuggan av den lilla enen
I närheten av den gamla myrstacken
Utan att vi en enda gång fattar
Hur det hela hänger samman

Inte ens som enheter av lycka
I det inneboende väsen
Vi ibland kallar livet
Som ett slitage utan dess like
Utan egen besättning
I vindens virvlande uppdrag

Den ylande vindens tvillingsyster
Kommer på besök i förorten
Och landar suspekt i betongen
Utan avsikter (vad vi vet)
Utan reskassa (det vet vi)

Hon talar om tiden före
Den senaste tideräkningen

Det hette att vara bestämd
Utanför de gränser vi upplevde
Som om det var enskilda
Göranden och låtanden
Vi aldrig skulle kunna hänvisa
Till i slutledningskapitlets
Enerverande förnumstigheter

Vi var faktiskt aningen förlamade
Av denna brutala insikt
Som om det skulle ha med något
Helt annat att göra, utan vår förskyllan
Och de slätstrukna idéernas
Egen begravningsmarsch in i
Slutfasen av allt vi försökte
Ta udden av med ledning
Av vår gemensamma charm
Som om det aldrig skulle
Kunna dela med sig vidare

Allt vi siktar på
Är en del av det vi redan
Har lämnat bakom oss
Som en hågkomst
Ur det förflutnas
Enorma skafferi
Där vi endast är
En smulande liten del
Vi aldrig ska kunna förstå

Åtminstone i bästa fall,
Det kan ju hända att återfallen
Bringar oss så onda tidender
Att vi aldrig mer ska förstå
Hur allt detta kunde ske
På en och samma gång
Som om det vore omöjligt
Att hålla kursen i denna
Bröte av information

Är vi raljerande nog
Att vet att allt vi gör
På den enkla sidan av verkligheten
I de flesta av närheterna?

Eller fattar vi vad
Vi snarstack genom att vara
En del av vårt eget problemkomplex
Som om tankegodset
Med ens tillhörde oss
Utan att någon annan
Hade det minsta tillträde

Du fattar vilken revolution
Det innebar i de där kretsarna
Som tycktes bli allt snävare
För varje år vi återsåg dem

Utan egen förskyllan
Ska vi tillägga nu
För säkerhets skull

Där lever vi alltså i
En del av oss själva
Som vi kan förstå att vi
Ska behålla essensen av
När vi inser vad det hela
Egentligen är en del av

Kanske är vi inte längre
Så outgrundliga som vi trott
Pallar inte längre motståndet
Inom oss själva

Där kunde vi gömma oss
Hela långa nätterna utan
Den minsta ansträngning
Från vår sida

Det krävdes en aning
Framåtanda, men vi skaffade
Den per postorder
Och såg framtiden an

KLADDARKEN